少儿·视·频·版

孟子

全鉴

〔战国〕孟轲／著

东篱子／解译

中国纺织出版社有限公司

内 容 提 要

　　《孟子》是最为知名的儒家经典之一，集中记录了孟子的思想和政治主张。《孟子》理论宏博，主张纯粹，思想深邃，语言雄浑、犀利。《孟子》以性善为基点，以仁政德治为治理社会的主张，这对中国人的思想影响极为深远。《孟子全鉴》根据少年儿童读者对社会的理解力，选取《孟子》的核心精要部分，以今天的视角温习战国时期的儒家思想。本书语言深入浅出，辅以切合的事例，以期少年儿童读者能对《孟子》有一个全面的把握和深入的理解。

图书在版编目（CIP）数据

　　孟子全鉴：少儿视频版／（战国）孟轲著；东篱子解译. --北京：中国纺织出版社有限公司，2021.5
　　ISBN 978-7-5180-7786-1

　　Ⅰ.①孟… Ⅱ.①孟… ②东… Ⅲ.①儒家 ②《孟子》—儿童读物 Ⅳ.①B222.5-49

　　中国版本图书馆CIP数据核字（2020）第156571号

责任编辑：段子君　　责任校对：高　涵　　责任印制：储志伟

中国纺织出版社有限公司出版发行
地址：北京市朝阳区百子湾东里 A407 号楼　邮政编码：100124
销售电话：010—67004422　传真：010—87155801
http://www.c-textilep.com
中国纺织出版社天猫旗舰店
官方微博 http://weibo.com/2119887771
佳兴达印刷（天津）有限公司印刷　各地新华书店经销
2021 年 5 月第 1 版第 1 次印刷
开本：710×1000　1/16　印张：10
字数：125 千字　定价：29.80 元

前言

　　孔子弟子诸多，弟子们的所学与所做各有侧重，其中以曾子和子夏的分支影响最大。曾子继承了孔子的克己复礼，主张修身齐家治国平天下，讲求内省与慎独的修身观。曾子传之于子思（孔子的嫡孙），子思弟子传之于孟子。孟子实际上是继承曾子，而与子夏一支渐行渐远，与荀子在有同有异中分道扬镳。宋代及以后，孟子思想成为儒家正统，与孔子并称孔孟，形成文王至孔子至孟子的儒家道统。

　　孟子一身正气，他在儒家思想式微的战国时期，独自扛起振兴儒家思想的大旗，一副"舍我其谁"的决绝与坚毅，与孔子"虽千万人，吾往矣"的大勇如出一辙。唐代韩愈冒死劝谏排佛、振兴儒学，是孔孟仁、义的再次闪耀，其凛然无畏亦是孔子大勇、孟子浩然正气的继承。

　　《孟子》是继《大学》《论语》之后，少年儿童了解中国儒家思想的必读书本。《孟子全鉴》摘取《孟子》各篇章精要部分，全书分为37章，每章包含一节或多节内容。本书每一章节包含"原文""词语注释""章句理解""国学启示""趣味故事"和"思考时间"6个部分。

　　原文，选取《孟子》中现代释意明确无歧义，合乎少年儿童理解易于接受的、原文各篇章核心句段。

　　词语注释，旨在帮助少年儿童读者理解、积累古文言字词基本知识。

　　章句理解，旨在用今天的语言解构古代文言寓意，帮助少年儿童读

者对每章节的语意有整体把握。

　　国学启示，通过对原文的进一步解析，引发少年儿童读者对每个章节内容的深入理解。

　　趣味故事，通过一个或多个与原文寓意贴合的小故事，帮助少年儿童更好地还原原文的应用场景。

　　思考时间，通过几个小问题，引发少年儿童读者对每个章节内容的兴趣，产生学习、探讨的欲望。

　　本书选取与当代社会生活联系密切，与少年儿童知识渐进、心理发展相吻合的内容，重点介绍《孟子》的性善、仁政、民本、王霸之辩、格君心之非、民贵君轻、有教无类等思想，兼顾少年儿童认知、学习、交往、成长的过程，使少年儿童在理解本书内容的同时，又能够通晓《孟子》的主旨所在，进而对儒家文化和思想萌发兴趣，为进一步了解儒家思想，乃至了解其他思想流派奠定知识基础和逻辑基础。

　　本书化繁为简，易于少年儿童阅读，更力求对少年儿童心智成长有所助益。

解译者

2020 年 6 月

目录

第1章 孟子"四端"——人性本善

原文

孟子曰："恻隐之心，仁之端也[①]；羞恶之心[②]，义之端也：辞让之心[③]，礼之端也；是非之心，智之端也。"

孟子曰："凡有四端于我者[④]，知皆扩而充之矣，若火之始然[⑤]，泉之始达。苟能充之，足以保四海；苟不充之，不足以事父母。"

——《孟子·公孙丑章句上·第六节》

词语注释

①恻隐：同情。端：萌芽，源头。

②羞恶（xiū wù）：羞，羞耻于自己不好的地方；恶，憎恶别人不好的地方。

③辞：辞，不接受。让：把方便或好处给别人。

④我：自身。

⑤然：燃的本字。

章句理解

孟子说："同情之心，是仁的萌芽；羞恶之心，是义的萌芽；辞让之心，是礼的萌芽；是非之心，是智的萌芽。"

孟子说："凡是拥有这四种心理萌芽的人，如果都知道让它们扩充壮大，（那它们）就会像火种刚刚燃起（必能燎原），像刚出泉眼的泉水（必

汇成江河）。（这四种心理萌芽）若是能够扩充壮大，足可以平定天下；若是不能扩充壮大，就连赡养父母都成问题。"

国学启示

仁、义、礼、智，是孔孟儒学思想的基础，恻隐等"四端"仁、义、礼、智的萌芽，是孟子"性善"思想的基石。"性善"思想又是孟子仁政、王道等思想的基础和根本。因而，把"四端"放在本书第一章。

孟子认为，人性本善。这并不是空洞的，而是能够通过人的心理活动和行为进行证明的。比如幼儿对父母的依恋亲爱，父母对孩子的爱护；比如人在三五岁的时候，就已经明白，"伤害"是违背道德的；比如看到小孩子处在险境（如落井），即便不认识这个小孩，也会突然涌起施救的心理与举动。

只是，人从很小就具备的善良的天性，需要不断地激发，需要后天的努力践行，不断读书、学习以明理，言行修身以正德，历事辩理以增智，才能保持住它。否则善良的天性就会被蒙蔽，做出违背人性的事情来。

趣味故事

故事一：齐宣王释牛

春秋战国时期，齐国有一个君主被称为齐宣王，他就是成语故事"滥竽充数"里面，那个被不会吹箫的南郭先生忽悠了的齐宣王。

今天，我们来讲一个齐宣王释放牛的故事。

一天，齐宣王坐在大堂上工作。这时候有一个人牵着一头牛从堂下面经过，齐宣王抬头看时，只见这头牛泪眼蒙眬，吓得全身发抖，不敢向前走，一副可怜巴巴的样子。

齐宣王停下了手头的工作，问牵牛的人说："你牵这头牛去做什么？"

牵牛的人回答说："要把这头牛杀了，用来祭祀。"

齐宣王见这头牛已经吓得全身发抖了，便不忍心杀它，于是吩咐牵牛的人说："放了它吧，你看它已经被吓成这个样子了，怎么还能忍心将它杀掉呢？"

于是，齐宣王就让人把这头牛放了。

后来，孟子听说了这件事，就说："齐宣王的这种不忍心，就是仁的萌芽，便可以成就王道。对待动物，君子愿意看见它们活着，而不忍心看到它们死去。"

齐宣王看到牛将要被杀掉，便有不忍之心，就是"恻隐之心"。

不仅仅是齐宣王有恻隐之心，人人都有，只是有时候会被蒙蔽。所以，小朋友也要警惕，一定不要忘记自己内心的善念哦。

故事二：嗟（jiē）来之食

古代春秋时期，齐国发生了严重的饥荒，很多人吃不上饭，成了可怜的灾民。

齐国有一个贵族，叫黔（qián）敖。他决定拿出自家的粮食做饭，送给那些挨饿的灾民。于是，黔敖让仆人在路边做饭，等待从此经过的灾民来吃。

很快，有一个灾民过来了。因为很长时间吃不上饭，他已经饿得两眼发花，全身无力，拖拉着脚步，一瘸一拐地走来。

黔敖左手端着饭，右手端着汤，用高高在上的口气叫嚷着说道："嗨！说你呢，过来吃吧！"

饥民抬头看了看黔敖，一脸倔强地说："一路上，像你这样自以为有口吃的，就对我呼来喝去的人，我见多了。我就是不想为了一口吃的，就甘愿听从你这样的人对我呼来喝去，才饿到了现在的地步。"说完，这个饥民就又拖着沉重的脚步向前走去。

黔敖听完，非常懊悔，忙去给这个人道歉。

这个饥民快要饿死了，他希望能有吃的，这样他就能活下去了。可是他却不因为能活下去就放弃做人的尊严。那些不把他当人，随意轻慢他的人，他看不起他们，即便他们手里有食物，他也不会去吃。如果吃了，他会为自己感到羞耻，没有尊严地活着还不如死去。

思考时间

1.前面"齐宣王释牛"和"嗟来之食"两个小故事，分别说明了哪种心理萌芽呢？

2.孔融让梨这个故事，小朋友听说过吗？这个故事与本章中"辞让之心"是否一致呢？

第2章　追求诚心

第一节　良能与良知

原文

孟子曰："人之所不学而能者，其良能也；所不虑而知者，其良知也①。

孩提之童无不知爱其亲者②，及其长也，无不知敬其兄也。亲亲，仁也；敬长，义也；无他，达之天下也。"

——《孟子·尽心章句上·第十五节》

词语注释

①良能、良知：赵岐《孟子注》："良，甚也。"良能，即为最大的能；良知，即为最大的知。朱熹《四书章句集注》："良者，本然之善也。"良能则即为，先天本能；良知则即为先天而知。此处不做硬解翻译。

②孩提之童：孩提之童是指两三岁的小孩。

章句理解

孟子说："人不需要学习就能做到的，这叫良能；不需要考虑就能知道的，这叫良知。两三岁的小孩没有不知道爱自己父母的，等长大些后，没有不知道尊敬自己兄长的。亲爱自己的父母，这是仁；尊敬自己的兄长，这叫义；这没有什么原因，因为这两种品德本来就可以通行天下。"

国学启示

良能、良知是孟子人性本善、道德天赋的思想观点，也是王阳明心学"致良知"的起源。孟子的良能、良知思想有很强的现实意义，很多情况下，人做错事并非是不知道是非对错，而是按捺不住激动的情绪，或名利物欲的贪念，明知不应做还是去做了。了解了良能良知，就应当事到临头，诚实反思内心，自己内心坚定是正确的，就去做；坚定错误的，就不去做。

所以，曾子说："十目所视，十手所指，其严乎。"即便没有人在关注，自己也要诚实反问内心，所行之事，是对是错。

第 2 章　追求诚心

第二节　诚心是自然规律

原文

孟子曰："是故诚者，天之道也①；思诚者，人之道也②。至诚而不动者③，未之有也；不诚，未有能动者也。"

——《孟子·离娄章句上·第十二节》

孟子曰："君子不亮④，恶乎执？"

——《孟子·告子章句下·第十二节》

词语注释

①天之道：宇宙天地间万物运行的规律。

②人之道：人不违背规律、遵循规律而行的处世法则。

③动：感动。

④亮：同"谅"，诚信。

章句理解

孟子说："所以，诚心是自然规律；追求诚心，是人处世的法则。对人极端诚心而不能感动别人，是从来没有过的；对人没有诚心，是从来不会感动人的。"

孟子说："君子不讲诚信，如何能有操守？"

国学启示

本节前段所说的诚，是指做事情时，反问自己内心良知时的态度。诚实不欺瞒自己，不要为自己明知道是错的还要去做找借口。万事万物的运

行规律是真实存在的，如果忽视这一点，只是一厢情愿地侥幸，或者掩耳盗铃式的自欺欺人，这就不是诚。

对自己能够诚心，对别人才能诚信。诚信不是性格，而是关乎操守品质。以诚待人，即便性格不那么随和悦人，别人也会理解。相反，巧言令色、以真饰伪，不但不能取信于人，反而堕落了自己的操守。

故事一：掩耳盗铃

我国春秋时期，晋国的六大家族之一的范氏家族，被另一个大家族智伯给打败了。范氏逃亡后，有个小偷跑到范氏府里，想去偷点好东西。小偷心想，毕竟范氏也是贵族，家里应该有不少好东西吧。

这个小偷刚进范府，就看到门口挂着一口大铜钟。我国古代一直到清末民国，小面额的货币都是用铜制作的，所以铜就是钱。这个小偷一下子就看上这口大铜钟了。他找来绳子，想把铜钟背起来带走。可是铜钟实在太大了，他根本没那么大的力气。怎么办呢？

他自己想到了一个主意，那就是把这口铜钟化整为零，具体说，就是用大锤子把铜钟砸成小块，这样不就可以背走了吗？

他刚举起锤子，突然又想到了一个问题：用锤子砸铜钟，一定会发出声音呀，要让别人听见了，来和我争抢，那可就不妙了。

这个小偷灵机一动，他找来两块布片，把自己的耳朵堵了起来，这样不就听不到了吗？

这个小偷不愿意别人听到声音，却把自己的耳朵给堵了起来，这就是

糊涂呀。正像人不愿意别人听到自己的过失还可以理解，自己怎么能不愿意听到自己的过失呢？这就是没有做到真诚地反思自己呀。不能诚实面对自己的不足，就只能像那个掩耳盗铃的人一样，自欺欺人了。

故事二：曾参杀猪

曾参，是孔子最得意的弟子之一，是儒家学派重要的代表人物之一。

一天，曾参的妻子要到集市上去买东西。曾参的儿子年龄不大，知道妈妈要去集市，哭着喊着也要跟着去。

曾参的妻子被孩子纠缠得没办法，就蹲下身，温和地对小儿子说："你先回家去，你要是听我的话，我从集市上回来以后，就杀猪给你吃。"

妻子从集市回来后，却舍不得杀猪了。

曾参严肃地对妻子说："怎么能欺骗孩子呢？小孩子是非道德观念不强，我们说什么，他就跟着学什么，我们做成什么样的事，他就跟着学做什么样的人。你现在欺骗他，他就会去欺骗别人。如果孩子连他最亲的妈妈都不相信了，你觉得这是好的家庭的教育方式吗？"

妻子看看儿子，又看看猪，心里虽然很舍不得，最终还是听从了丈夫的意见，把猪杀了。

曾参的诚信，可不是说空话。而是身体力行，先在家里行得通，然后在外面也行得通。

孔子知道曾参是个忠信的人，所以孔子去世前，把自己唯一的孙子孔伋（jí）（字，子思）托付给了曾参，希望曾参能好好教育他。

曾参把孔伋培育成了大思想家。而孔伋呢，又启发了孟子。

1.掩耳盗铃的那个人，犯了一个什么样的错误呢？

2.曾参为何坚持要杀猪？从这个故事能看出曾参怎样的品质？

第3章　人与仁

第一节　仁人为道

原文

孟子曰："仁也者，人也①。合而言之，道也。"

——《孟子·尽心章句下·第十六节》

词语注释

①仁：仁心，仁道，仁德。

章句理解

孟子说："'仁'的意思就是'人'。'仁'和'人'合并起来说，就是'道'了。"

国学启示

仁，是孔子儒家思想的核心，是孟子"仁政"思想的源头，是孔孟儒家思想最高的处世原则。即便两个人的时候，也要有仁心、仁德，也要行仁道，用仁道来处理社会关系。简单来说，仁就是社会人群相处的正道。

第3章　人与仁

9

在家里和父母相处时，在学校和老师同学相处时，在社会和他人相处时，各种社会关系，无不都是以仁为基础的。所以，小朋友，我们既然已有仁心、仁德，就应当尽力以仁人自居，行仁道。

第二节　人有五伦

原文

父子有亲，君臣有义，夫妇有别，长幼有序，朋友有信①。

——《孟子·滕文公章句上·第四节》

词语注释

①朋友：孔颖达《疏》：同门曰朋，同志曰友。孟子那个时候，朋与友应是两个词，朋即为同学，友即为友人。

章句理解

父子之间有骨肉之亲，君臣之间有礼仪之义，夫妇之间互敬互爱而有内外之别，老幼之间有尊卑之序，朋友之间有诚信之德。

国学启示

本章所说父子、君臣、夫妇、长幼、朋友这五伦，是人的五种社会关系，各种关系中双方的责任与义务是相互的，不是一方对另一方只有义务或权利。例如，父子之间，并非只强调孩子要孝敬，而是父亲要慈爱，孩子才能孝敬；君臣之间，并非只是强调臣子要忠心，而是国君要对臣子有仁爱，臣子才能事君以忠。

儒家所说的伦理或许未必完全适合现代社会，但孝顺父母、与人为善、诚实守信这些品德是不变的；不存在只享有权利、或只付出义务的社会关

系，这是不会变的。

故事一：不行仁义，自取其祸

三国时期，有一个非常有名的"神算子"，他就是管辂（lù）。他可以提前十多天判定一个人必死无疑，果然，这个人很快就死去了。非常不可思议吧。他真的会算命吗？

管辂很小的时候就开始习学《易经》，十五六岁的时候，他推演事情发展的趋势就非常准确了，很快名声就传开了。吏部尚书何晏也听说了，就让管辂来给他算一卦。

何晏对管辂说："我最近连续好几个晚上都做同一个梦，梦到苍蝇落在我的鼻子上，怎么赶都赶不走。你给我算算，这是好兆头还是坏兆头啊？"

何晏是什么人呢？他是很势利，谁有权势他就讨好谁，为了富贵不顾廉耻，有了富贵又骄横跋扈的人。总之，在他的处世之道里面，有的全是自私自利与厚颜无耻，没有一丝一毫的仁义之心。他投靠曹爽这个大人物后，被升职为吏部尚书。吏部尚书是管人事的，谁升官，谁撤职，他说了算。

呵！这下何晏牛气了，谁讨好他，他就让谁升官；谁不迎合他，他就把谁撤职。一时间，别人都怕他怕得要命。他趁机把都城附近好大一片田地，弄到自己的手里。这样他还不过瘾，他想到了一个无本万利的买卖，他直接向各地郡县索要贿赂，官员都不敢违背他呀，就给他送钱。

看到了吧，正事不会干，坏事干不厌，何晏就是这么个人。

管辂看了他一眼，说："周朝时候，周公辅佐周平王施行仁政，辛勤劳作，安抚百姓，国家太平。现在您的官位跟周公一样，可是您都干了些什么呢？任人唯亲，只顾捞钱，弄得人人都怕你。你这种做法可不符合仁道啊。您得谨慎啊，多行仁义得善果，多行不义得恶果。如果您现在能够反省自新，多行仁义，苍蝇自己就飞走了。否则，恐怕有不好的事情发生。"

何晏没有听进去，反而认为管辂这是老生常谈。（成语"老生常谈"的由来）

管辂回到家里，他的舅舅惧怕何晏，就责怪管辂说话太直了。管辂说："跟一个死人说话，还有什么可怕的呢？"

果然，还不到十天的工夫，何晏就被司马懿杀死了。

故事二：第五伦的"私心"

东汉初年，有一个人叫第五伦（第五是复姓）。他才能出众，节操高洁，一心奉公，被光武帝任命为大司空（东汉时，主要掌管工程的高官，类似于隋唐后期的工部尚书）。

第五伦中年的时候，他因为贤德，被当时的京兆尹阎兴征召做了主簿，负责管理京城的铸钱和市场。当时京城负责铸钱的官吏偷奸耍滑、中饱私囊，市场上也多有弄虚作假、强买强卖的事情。

第五伦上任后，统一了度量衡，规定了称量粮食的斗的大小，市场上再也没有出现欺诈的行为。因为第五伦为人质朴，大公无私，又勇于任事，当时的人们纷纷赞美他，就连光武帝都非常欣赏他。

有一天，有人问第五伦说："你处事一直这样大公无私，难道您就没有私心吗？"

第五伦说："我哥哥家有个侄儿，他经常害病，我非常担心他。他发病的时候，纵然我一天去十遍，可是回到家里我依然安眠入睡。等到我的儿子生病的时候，即便我没有去探望，可是却担心得彻夜难眠。我担心自己的儿子，要比担心自己的侄儿更甚。这怎么能说是我没有私心呢？"

是啊，父母就是偏爱自己的孩子，这是血缘亲情呀，这样的私心哪个父母没有呢？

思考时间

1.何晏还活着，为什么管辂就说他是个"死人"呢？

2.第五伦的私心是什么？想一想，我们的父母对我们有哪些"私心"呢？

原文

孟子曰："人有恒言，皆曰：'天下国家。'天下之本在国，国之本在家①，家之本在身。"

——《孟子·离娄章句上·第五节》

词语注释

①家：此处是指寻常百姓之家。汉代以前的古文中，家一般是指大夫。

章句理解

孟子说："人们有一句老话，都说'天下国家。'（由此可知）天下的根基在一国，国的根基在一家，家的根基在个人。"

国学启示

天下太平是需要一个一个的人来践行的，人人都居仁存义，依礼而行，凭智而作，家庭才能更好，家庭好才有国家强、天下平。《大学》里说，"自天子以至于庶人，壹是皆以修身为本"，正是强调个人的修身。

梁启超说："少年智则国智，少年富则国富；少年强则国强，少年独立则国独立；少年自由则国自由；少年进步则国进步；少年胜于欧洲，则国胜于欧洲；少年雄于地球，则国雄于地球。"所以呢，小朋友，你该如何成长呢？责任重大哦！

趣味故事

北宋的党争

小朋友，如果问你中国历史上最有活力的朝代，你会选择哪一个呢？可能你想不到，宋代是其中最为突出的一个。

宋代的经济、文化都发展到了我国古代历史上的高峰，还是古代典型的人文社会。宋代本可以发展得更好，却因为一场党争给耽误了，从此再也没有翻身。这是怎么回事呢？

原来，因为历史的原因，宋代繁荣的表面下，积累了大量的问题。就好比一个身体胖的人，但却很虚弱。如何来解决这些问题呢？魔咒便由此形成，几乎把北宋几代沉淀的精英全部吞噬了。那么多智慧的仁人志士，白白把精力牺牲在内耗中了。令人惋惜！

宋仁宗时期，党争已经展开，但真正的裂变则是以由王安石变法为起端的。王安石是一个目光敏锐的政治家，他准确地发现了问题所在，可是

他自身又有不足，更多是性格上的不足，导致变法推行中用人不当，急于求成。物极必反，本来想解决问题，结果却造成了更大的问题。

欧阳修、韩琦、司马光、苏轼这些人，发现了王安石变法中的危机，于是开始反对变法，或者是部分地反对变法。

开始的时候，大家还是讲道理的，虽然各持己见，但还是保持了"我反对你，是因为我认为你不对"的风度。可是到了后来，冲突越来越激烈，就变成固执己见了，演变成"我反对你，是因为我反对你"的纠缠，并且不死不休！

党争前后持续了五十多年，宋代积攒的几代精英，几乎全陷入其中难以自拔。大好的人才，纷纷被赶到偏远荒蛮之地，无以所用。宝贵的精力没有去发展社会，反而对社会造成难以挽回的创伤。

当这些人中最后的"胜利者"司马光被罢职后，蔡京、童贯这些大奸臣登上权位，北宋很快就灭亡了。

王安石，司马光，欧阳修，苏轼，韩琦等，这些人哪个是坏人呢？都不是！哪个希望把国家搞坏呢？也没有！他们的出发点都是为了国家，可就是这样，事情的结果却背离他们的期望，越走越远，无可挽回。

这么多才智过人的人尚且如此，我们普通人就更应该谨慎修养自身了。多读书，从前人的身上吸取智慧；多思量，从身边的事情中吸取经验；尽力拓展自己的胸怀，提升自己的格局，克服人人固有的偏见。对自己有益，不如对全家人都有益；对家人有益，不如对民族都有益；对眼下有益，不如对以后也有益。

小朋友，人、家、国、天下，我们成长成为什么样子，决定了我们将来的社会是个什么样子，加油哦！

思考时间

1."天下国家"按照孟子的话，应该怎么排序呢？

2.王安石变法，本是要解决问题，为何反而加速了北宋灭亡呢？是他一人之过吗？

第5章　格君心之非

第一节　君主正，则国家正

原文

孟子曰："人不足与适也[1]，政不足间也[2]；唯大人为能格君心之非[3]。君仁，莫不仁；君义，莫不义；君正，莫不正。一正君而国定矣。"

——《孟子·离娄章句上·第二十节》

孟子谓戴不胜曰[4]："子欲子之王之善与？我明告子。有楚大夫于此，欲其子之齐语也，则使齐人傅诸[5]？使楚人傅诸？"

曰："使齐人傅之。"

曰："一齐人傅之，众楚人咻之[6]，虽日挞而求其齐也，不可得矣；引而置之庄岳之间数年[7]，虽日挞而求其楚，亦不可得矣。"

——《孟子·滕文公章句下·第六节》

词语注释

①适（zhé）：同谪（zhé），谴责。

②间（jiàn）：非议。

③大人：有大德之人。格：正。

④戴不胜：宋国臣子。

⑤傅：教。

⑥咻（xiū）：喧哗。

⑦庄岳：齐国临淄的一个地方。庄，街名；岳，里名。

章句理解

孟子说："那些当政的小人不值得去谴责，政事之失也不值得去非议。只有大德之人才能纠正君主不正确的思想。君主仁，就没有人不仁；君主义，就没有人不义；君主正，就没有人不正。只要使君主端正了，国家就安定了。"

孟子对戴不胜说："你想要你们君王学好吗？我明白告诉你。有位楚国的大夫，希望他的儿子能学说齐国的话，那么，是让齐国人来教他呢？还是让楚国人来教他？"

戴不胜说："让齐国人来教他。"

孟子说："一个齐国人教他，却有众多楚国人在旁喧哗打扰，纵然天天鞭挞逼着他学齐国话，也是做不到的。相反，若是把他送到齐国庄街岳里的闹市住几年，纵然天天鞭挞逼着他学楚国话，也是做不到啊。"

国学启示

本章三层意思，一是矛盾的源头在君主，所以臣子要纠正君主的失误和缺陷；二是只有道德高深的人，才能对君主进行有效的纠正；三是要让君主远小人，亲贤人。

第一层意思是儒家坚持的臣子的抱负与责任；第二层意思是孔孟一脉相传的学问，即重在自修；第三层意思是说环境对人的影响，即所谓近朱者赤，近墨者黑。格君心之非，需得自己为大人；自己为大人，需得自己先有仁德贤能，至刚至坚。做事，自己要有仁义之心，否则不能做成功。劝人，自己要有仁义之德，否则不能有效果。

第二节　以道事君，不可则止

原文

齐宣王问卿。孟子曰："王何卿之问也？"

王曰："卿不同乎？"

曰："不同。有贵戚之卿①，有异姓之卿。"

王曰："请问贵戚之卿。"

曰："君有大过则谏。反覆之而不听②，则易位。"

王勃然变乎色。

曰："王勿异也。王问臣，臣不敢不以正对③。"

王色定，然后请问异姓之卿。

曰："君有过则谏，反覆之而不听，则去。"

——《孟子·万章章句下·第九节》

词语注释

①贵戚之卿：王族公卿，即与君主同姓宗族之卿。

②覆：翻转，倾覆。

③正：诚。

章句理解

齐宣王问公卿该怎么行事。孟子说："王问的是哪一类公卿呢？"

齐宣王说："公卿还不一样吗？"

孟子说："不一样。有和王室同族同姓的王族公卿，还有不同族的异姓公卿。"

王说："请您说说王族公卿吧。"

孟子说："君王有重大错误，就要劝谏阻止。反复劝谏还是不听，那就把他废弃，立别人做君王。"

齐宣王脸上突然变了颜色。

孟子说："王不要诧异。王问我，我不敢不说实话。"

齐宣王脸色镇定之后，又问异姓公卿。

孟子说："君王有了过失，就要劝谏；反复劝谏还是不听，就要辞职离去。"

国学启示

第一节讲了格君心之非的关键在于匡正君主，这一节讲的是如何做到格君心之非。

孔孟儒家思想和君主专制之间，天然存在着一种紧张关系。因为儒家的民本思想认为，民为贵君为轻，如果君不能"止于仁"，那就可以推翻他，如同武王伐纣那样，这是专制君主所不喜欢的。本节孟子的话体现了两千多年前我国古人的智慧。同时期的司马穰苴也说过："攻其国，爱其民，攻之可也。"可见，在那个时代，格君心之非的思想不是孤独存在的。

～趣味故事～

故事一：海瑞与《治安疏》

明朝时期，有个人把嘉靖皇帝骂得狗血淋头，嘉靖皇帝差点被他气疯了。这个人是谁呢？他就是海瑞。

海瑞有一个号，叫作刚峰。山峰已经坚硬了，他还要再"刚"一下，可见海瑞的骨头有多硬。海瑞的刚直由来已久，做县令的时候就敢跟总督

对着干。

海瑞在浙江淳安做县令的时候，当时胡宗宪是管理好几个省的总督。海瑞的官职跟胡宗宪之间隔着十万八千里，他怎么和胡宗宪干上了呢？

原来，胡宗宪有个不成器的儿子，他喜欢旅行，当然是自己不带钱的那种。他自己不带钱，直接让地方官员给他送钱花，还得好吃好喝好招待。

这天，胡宗宪的儿子来到淳安县，海瑞没有像其他县令那样给他送钱，胡宗宪的儿子不满意了，把驿站给砸了。听到这个消息，海瑞腾地一下就站了起来，大吼一声"抄家伙"，带着衙役就前往驿站。到了驿站就把胡宗宪的儿子捆起来打了一顿。还想要钱？你的钱也给我留下吧！海瑞打完以后，把胡宗宪儿子搜刮来的钱，全部充公。

都以为这个二百五的县令要倒霉，谁知海瑞却升官了，升到了户部主事。可见胡宗宪当爹一般，当官还是不错的。

海瑞升官后，就变成了京官，靠着皇帝近了。当时，嘉靖皇帝只想得道成仙，一味地搜刮民财，不太干正事了。

海瑞忍了几个月，终于没忍住，给皇帝上了个意见书，他的这个意见书就是赫赫有名的《治安疏》。据说，嘉靖皇帝看了后，立马就疯了，喊着"把这个狂徒抓起来，不要让他跑了！"海瑞都说了啥呢，把皇帝气成这样？

海瑞在《治安疏》里说：

"皇帝陛下，您总不上朝，这不是个事儿啊。您总想长生不老，可是为您炼丹的道士都死了，他还说自己长生不老呢，不也死了吗？您怎么能永远不死呢？"

"在您的带领下，现在的大小官员都在贪污，已经乱成一锅粥了。您知道民间都怎么说您吗？都在说，'嘉靖嘉靖，家家干净。'百姓家庭被您和官吏盘剥得一穷二白，像个倒过来的碗那样干净。"

"您现在还不自觉，是不是还觉得自己挺不错呢？跟您说实话吧，天下的人不拿您当回事已经很久了，这是谁都知道的事儿，只不过没人告诉您罢了。"

嘉靖皇帝气得发疯，发誓要杀了海瑞，还担心他跑了。有人跟嘉靖皇帝说："这个人不会跑，他已经买好了棺材，在家里等着受死呢。"

嘉靖皇帝把海瑞抓进监狱，几次想杀他，可几次又放下了。嘉靖皇帝明白，海瑞就是这么一副硬骨头，他不是沽名钓誉，他是在匡正自己这个帝王的错误，他是为了整个国家好。后来，嘉靖皇帝到死也没有敢杀海瑞。

故事二：狐偃规劝晋文公

· ❀ ·

重耳是晋国国君的儿子，他被迫在其他诸侯国间流浪了19年，终于要回到晋国做国君了。

重耳在秦国的帮助下，从西向东进入晋国。在过黄河的时候，重耳想起这些年漂泊的艰辛，望着黄河对岸阔别19年的家乡，他的眼睛湿润了。想到回去做国君，他又扬眉吐气了，总算是云开见月明了。

重耳告诉陪伴他一起流浪的臣子，说："把我们流亡时候用过的破旧的锅碗瓢盆儿，破被子破褥子啥的，都扔了吧。以后，再也用不到了。"他又吩咐，过河的时候，那些手脚磨出老茧的人，和饱经沧桑脸色发黑的人排在后面。

听了重耳的话，一直陪着他流浪的狐偃哭了。

重耳困惑地问道："我们流浪将近20年，再苦再难的时候，也没见你哭过呀。现在，我们就要渡过黄河，回到家乡了，你怎么反而哭了呢？"

狐偃说："锅碗瓢盆是用来盛饭的，被褥是用来睡觉的，您现在都不要了。手脚长满老茧的人，和那些脸色不好看的人，都是曾经为您立下大功的，您现在却把他们放到了后面。您是不打算重用贤能了吗？您不用贤能，是不打算实行仁政了吗？既然如此，那我也就没什么用处了，我还是自己离开吧。"

狐偃说完，向重耳拜了拜，就要走人。

重耳意识到自己思想上的错误，连忙拦住他，说："你们都是贤能的人，如今我要回去治理国家，离开了你们，这怎么能行呢？"

重耳回国做了国君，被称为晋文公。晋文公始终没有忘记狐偃劝说自己的话，他实行仁政，废除了百姓繁重的徭役，减免了苛捐杂税，下大力气发展晋国的农业。晋国出现了政治清明，百姓富足，社会财富丰足的局面。晋国成为当时最强大的诸侯国。

思考时间

1.在孟子看来，国家治理的根本源头在哪里呢？

2.海瑞冒死给嘉靖皇帝上《治安疏》，这体现了古代文人士大夫什么样的情怀？

第6章 以民为本

第一节 民贵君轻

原文

孟子曰："民为贵，社稷次之①，君为轻。是故得乎丘民而为天子②，得乎天子为诸侯，得乎诸侯为大夫。"

——《孟子·尽心章句下·第十四节》

词语注释

①社稷：社为土地神，稷为谷神。古时生产力低下，百姓动辄就会面临饥荒。所以君主都敬奉土地神和谷神，以祈求风调雨顺五谷丰登。

②丘：一意为"众"，一意为"小"。两个意思皆通。

章句理解

孟子说："百姓最重要，国家次之，君主为轻。所以，得民心的人才能做天子，得天子之心的人才能做诸侯，得诸侯之心的人才能做大夫。"

国学启示

民为贵，社稷次之，君为轻，是孟子"民本"思想的集中体现。孟子首先提出了这样的理念，国君可以更立，社稷可以更换，唯有民众不可以更换，民众是最重要的。孟子的这一理念与我们现代社会的民主可以接合，这是非常难能可贵的。以民为本，也是孟子儒家思想的基础。

做事情，要分得清什么是根本，什么是细枝末节。在做事情的时候，如果细枝末节影响了根本，就要对细枝末节做出改变，或者弃掉它，或者让它改变，符合根本方向。比如，健康的身体是我们的根本，有了一颗龋齿怎么办呢？那就要修补它，如果修补不好，那就拔掉它。

第二节　诸侯三宝

原文

孟子见梁惠王①。王曰："叟②不远千里而来，亦将有以利吾国乎？"

——《孟子·梁惠王章句上·第一节》

孟子曰："诸侯之宝三③：土地，人民，政事④。宝珠玉者，殃必及身。"

——《孟子·尽心章句下·第二十八节》

词语注释

①梁惠王：魏国国军魏惠王。他统治前期，魏国成为最为强大的诸侯国，后来开始走下坡路。

②叟：老者，译为老先生。

③宝：焦循《孟子正义》注，宝与保通，保护、守护之意。

④土地、人民、政事：焦循《孟子正义》注，不侵犯邻国，也不被邻国侵犯，是保土地；使用民力不耽误农时，民不离散，是保人民；修养品德，实行惠民政治，是保政事。

章句理解

孟子谒见梁惠王。梁惠王说："老先生，您不远千里长途劳苦前来，一定是为我的国家带来了巨大利益吧？"

孟子说："诸侯要保守的有三样，土地、百姓和政事。（反之）保守珍珠玉石的，灾祸必然降临到他身上。"

国学启示

人都有喜好，为何诸侯国君好利忘义、以珠玉为宝，就会有灾难呢？这是因为，一是国君花的每一分钱都来自纳税人——民众，一味喜好珠玉就会浪费纳税人的钱财；二是一味喜好珠玉则必加重民众负担，就无法做到"保民"了，国君不能保民，他就失去了继续做国君的正当性；三是影响社会风气，钱财不是投入民生与发展，而是投入奢侈消耗，会使国家外强中干。

同时，国君好利忘义，则上行下效，整个社会就会陷入见利忘义的财利争夺。如此，也就国将不国。

第三节　率兽食人

原文

孟子曰："庖有肥肉①，厩有肥马②，民有饥色，野有饿莩③，此率兽而食人也。兽相食，且人恶之④。为民父母，行政不免于率兽而食人，恶在其为民父母也⑤？"

——《孟子·梁惠王章句上·第四节》

词语注释

①庖（páo）：厨房。

②厩（jiù）：马棚。

③莩（piǎo）：饿死后无人领取的尸体。

④且人恶（wù）之：今天语序的"人且恶之"。且，副词，尚且之意。

⑤恶（wū）：疑问副词，何也之意。

章句理解

孟子（对梁惠王）说："如果厨房里有鲜美的肉，马棚里养着健壮的马，百姓都面带饥色，野外还有饿死的尸体无人收领，这是率领野兽来吃人啊。兽类相互残杀，人尚且厌恶，作为百姓的父母官，治理地方却不免于带领野兽来吃人，又怎么配做百姓的父母官呢？"

国学启示

本节前一句解释何为"率兽食人"，后一句警戒实行仁政，对民众负责，不要"率兽食人"。

第6章　以民为本

25

父母是不会只顾自己吃喝，不管孩子死活的。君主、官员的衣食住行，来自民众的奉养，那些标榜自己为民父母的君主、官员，如果只顾着自己穷奢极欲，不管百姓死活，还有什么资格为民父母呢？这样的君主、官员，是不应该坐在他的位置上的。

第四节　得道多助，失道寡助

原文

故曰：域民不以封疆之界①，固国不以山谿之险②，威天下不以兵革之利。得道者多助③，失道者寡助。寡助之至，亲戚畔之④；多助之至，天下顺之。

——《孟子·公孙丑章句下·第一节》

词语注释

①域：朱熹《四书章句集注》，"域，界限也。"春秋战国时，各国诸侯都希望他国百姓能夹投奔归顺。因此，"域"的目的，主要是限制人口流失出去。

②谿（xī）：同"溪"。

③得道：以仁政治理国家。

④畔（pàn）：同"叛"。

章句理解

所以说：限制百姓流失不是依靠疆土界限，保护国家不是依靠山川险要，威行天下不是依靠兵器锐利。实行仁政帮助他的人就多，不实行仁政帮助他的人就少。帮助他的人少到极至时，连亲戚都会背叛他；帮助他的

人多到极至时，全天下的人都会归顺他。

统治者能否得到民心是根本，得民心，封疆之界、山溪之险才会有用。长城起作用的时候，恰恰是中原内部有向心力、凝聚力的时期，统治者得民心的时期。失去了民心，再坚固的城池，再险要的地势，也如纸糊的一般，一捅就破。所以，民心向背才是判断施政好坏的标准。

❦⋙⋙趣味故事⋘⋘❦

故事一：王孙圉（yǔ）论宝

· ❀ ·

楚国大夫王孙圉出使晋国，在晋国国君为他举行的宴会上，晋国执政大夫赵简子相陪。赵简子腰带上悬挂着几块美玉，叮当作响，十分悦耳。

席间，赵简子问王孙圉：“楚国的白珩（héng）还在吗？”白珩是一种非常昂贵的白色玉器。

王孙圉说：“在呢。”

赵简子又问：“它作为楚国的珍宝，已经有多久了？”

王孙圉说：“我们楚国从来没有把白珩当作珍宝呀。我们楚国的珍宝是贤能的臣子，他们或出使外国，维护楚国的利益；或者辅佐国君少犯错误，发展民生。我们楚国的珍宝是我们那里的山水田园，为我们提供粮食、钱财和武器。白珩只不过是先王的玩物罢了，哪里是什么珍宝呢？我们楚国虽地处偏僻，却也不会把喧嚣作响的美玉当作珍宝。”

赵简子问王孙圉楚国的白珩，他的动机是不太友好的，他是想威胁王孙圉。就好比说，有人对你说，你家的钱在你家里待够了吧？要不我拿来

王孙圉却告诉赵简子，白珩虽然价值不菲，但楚国却不像你一样，腰上挂着几块玉当宝贝。楚国君主和臣子都不是自私自利只顾自己发财的人，而是一心为百姓、为国家的人。你想要我们楚国的宝贝，我们楚国可是要人有人，要钱有钱，要枪有枪。我们的待客之道是，朋友来了有美酒，敌人来了有猎枪。

楚国正是因为以人为宝，以地为宝，以政事为宝，"筚路蓝缕，以启山林"（驾着简陋的柴车，穿着破烂的衣服去开辟山林道路），逐渐从一个地处荒蛮之地的不起眼的国家，发展成为最为强大的诸侯国之一，并且在楚庄王时期成为最强大的国家。

故事二：单（shàn）襄公说陈

周定王派单襄公出使楚国。在经过陈国的时候，单襄公看到，陈国的道路上杂草丛生，胡泽不修筑堤坝，河流上也不架设桥梁，野地里谷物堆积，谷场也没有修整，百姓都被拉去为陈国大夫修筑高台了。陈国的君主和大臣，都穿着华丽名贵的衣服休闲玩乐。

单襄公回去以后，对周定王说："陈侯（陈国国君）即便不死于非命，陈国也必将被灭。"

周定王不明白，就问他："为什么会这么说呢？"

单襄公解释说："俗话说，九月修路，十月架桥。先王教导我们，雨季过去后就要修筑道路，河水枯季的时候就要建造桥梁，草木凋谢的季节就要储藏粮食，霜降来临之时就要备好冬衣。可是陈国呢？道路被杂草掩盖，谷场废弃，粮食没有储藏，既不修筑堤坝，也不修葺桥梁，这不是灾祸的

征兆吗？"

贤明的君臣，会鼓励百姓开垦土地，以保证百姓富足，生活安逸。而陈国的君主和大臣，只顾自己锦衣玉食，丝毫不考虑百姓生死。不爱惜民力，不顾及农时；粮食熟了，也没人收割；土地荒芜，也没人种植。不给百姓留活路，这与直接吃人又有什么分别呢？

果然，两年后，陈侯被陈国的大夫所杀。又过了一年，陈国灭亡了。

思考时间

1. 狐偃是用什么方式劝谏重耳的？

2. 赵简子以美玉为珍宝，王孙圉以什么为珍宝呢？

3. 单襄公凭什么预测陈国会亡国呢？

第7章　普天之下，莫非王土

原文

诗云①："普天之下②，莫非王土；率土之滨③，莫非王臣。"

——《孟子·万章章句上·第四节》

词语注释

①诗：《诗经·小雅·北山》。

②普：遍（《诗经》原文为"溥天之下"。溥：大）。

③率：循。

章句理解

《诗经》说："遍天下的土地，没有一块不是天子的土地；沿着土地四

周内的人，没有不是天子的臣民。"

对《诗经》这句话的理解，不少人存在一个误区，认为是强调君主占有天下，可以随意生杀予夺。其实，《诗经》这句话强调的是，君主要为天下担负起责任，他要为疆土负责，要为疆土上的臣民负责。君主应该战战兢兢小心谨慎地对待国事，对全国的施政错误担负道义上的总责。"万方有罪，罪在朕躬"，说的就是这个意思。

君主锦衣玉食取之于天下百姓。天下百姓以天下之财奉养君主，君主就应该担负天下安危的责任而不能推诿，君主推诿这个责任，他就不配享用天下之财，不配支使天下百姓，也就意味着他不配做君主了。

～趣味故事～

各负其责

春秋时期，郑国的地理位置非常危险，东边有齐国，北边有晋国，南边有楚国。郑国就处在这些巨头的夹缝当中，幸亏郑国有一个很厉害的大夫，叫子产。

子产既能发展经济、治理国家，还擅长外交，使郑国在大国之间不卑不亢，游刃有余。

郑国国君郑简公却似乎有点不满意子产，对他说："你看看我们国家的都城，内城和外城的城墙都不完整了。我们本来就是个小国，夹在楚国和晋国之间，这要是万一有点什么事，我们的城墙怎么应付得住呢？"

子产想了想，说："如果外敌入侵，您觉得依我们郑国的实力，能够抵

挡晋国呢，还是能够抵挡楚国呢？更别说两三个大国一起来攻打了。所以，我的职责不是修筑城墙，而是不让别的国家来攻打我们。现在，郑国和晋国、楚国建立了良好的外交关系，外无敌患。对内发展经济与文化，保护百姓，内无扰乱。现在没有什么危险，你就不必担心城墙的事情了。"子产的意思是，您还是担心一下您自己该做好而没做好的事情吧。

直到郑简公去世，郑国一直没有祸患。

孟尝君是魏国的大夫，他在魏国和诸侯国之中，人缘相当不错。魏昭侯看孟尝君深得人望，有些不太高兴，就对孟尝君说："我想亲自处理国家大小事务。"

我国古代，直到明朝废除丞相以前，君主管理国家，是通过丞相这一级别的职位来实现的。君主更像是董事长，负责大局；管理实务的大臣就像是总经理，负责具体实施。

孟尝君对魏昭侯说："好啊，大王要想管理具体事务，那就不能不明白法律。您先熟悉一下魏国的法律吧。"

魏昭王就去读法律，可是他看了十几条便开始打瞌睡了。第二天，他对孟尝君说："算了，政务还是由你来处理吧。"

君主和臣下各自的责任不同，自己的责任没有尽到，反而又想做别人该做的事情，这是不明智的呀。

思考时间

1.普通人不能尽责，人家会说他不靠谱。君主不能尽责，就会国破身亡了。小朋友，举一个君主不能尽责的例子，讲给爸爸妈妈听吧。

2.郑简公担心城墙，子产为什么说让他不必担心呢？

3.魏昭王为什么看了十几条法律条文，就开始打瞌睡了？

第7章 普天之下，莫非王土

31

第8章　上有所好，下必甚焉

原文

孟子曰："上有好者，下必有甚焉者矣。君子之德，风也；小人之德①，草也。草尚之风②，必偃③。"

——《孟子·滕文公章句上·第二节》

词语注释

①小人：《大学》《论语》《孟子》等古文中，经常看到"小人""君子"。在古文中，小人一般有两种意思，一是下位者（地位低的人），或者见识粗陋的人；二是无德者（品行不端的人）。与之对应的，君子一般也有两种意思，一是上位者（地位高的人），或学识渊博的人；二是有德者（品行端正的人）。本文，君子、小人均为前者。

②尚：《论语·颜渊篇》孔子说的是"草上之风，必偃"。尚与上，古时多有通用，赵岐《孟子注疏》："尚，加也。"草尚之风，即为草上加风，译文采用意译。

③偃（yǎn）：倒下。

章句理解

孟子说："在上位的人有什么喜好，下面的人就会加倍追随。君子的德性就像风，小人的德性就像草。风向哪边吹，草就会向哪边倒。"

电影《蜘蛛侠》中有句话：With great power comes great responsibility（能力越大，责任越大），这句话与本章有异曲同工之妙。越在上位的人，越要严格要求自己，树立正确的示范。相反，如果上位者不能以身作则，只许州官放火，不许百姓点灯，百姓自然就不会再有敬重之心了。

趣味故事

周厉王贪戾与晋平公纳谏

西周周厉王时期，老百姓最过瘾的事情就是痛骂周厉王，因为周厉王很"厉"，十足的贪财厉鬼一个。

我国古来就有靠山吃山，靠水吃水的说法。山水和田地一样，是老百姓赖以生存的物资。靠近山林，百姓就以砍柴打猎为生；靠近湖海，百姓就以晒盐捕鱼为生；靠近田地，百姓就以种植庄稼为生。

周厉王太能折腾，自己手里的钱不够用了，就开始出售爵位换钱。可是钱还是不够他花，怎么办呢？周厉王想出一招了，他直接下令把全国的山林川泽都收归国有，其实就是他自己所有，不允许老百姓上山伐木打猎，不允许老百姓下水捕鱼。这样一来，老百姓还怎么活呢？

周厉王可不管这些，他任用奸臣为他搜刮民财。有个正直的大夫劝他："山林湖泽，都是天地自然拥有的，人人可以分享，你怎么能一人独占呢？普通人抢劫独占财物，人们称他为强盗，纷纷远离他。您是君主，这样做的话，谁还会跟随您呢？这样下去，一定会大祸临头啊。"

周厉王不听。

第 8 章　上有所好，下必甚焉

周厉王贪财，却不去想一想，百姓也是需要财物来活命的呀。周厉王抢夺百姓财物，百姓就直接把他的王位给抢了，把他驱逐了，百姓加倍回报了周厉王的贪婪暴戾。

春秋时期，晋国君主晋平公前期励精图治，取得了不小的成绩。于是，他经常扬扬自得。

有一次，晋平公与大臣们一起喝酒，还邀请了盲人音乐家太师师旷坐在身边陪同。酒酣耳热后，晋平公又开始吹嘘自己。他对着大臣们说："我现在体会到做君主的快乐了，他的话就是一言九鼎啊。"

师旷听到这里，故意把手里的琴撞向晋平公。晋平公吓得一愣，赶忙用手臂挡开。晋平公问师旷："先生这是要干什么呢？"

师旷说："刚才我听到一个小子在胡说八道，我要敲打这个家伙。"

晋平公尴尬地说："呃，刚才是我在说话啊。"

师旷正色对晋平公说："啊！不是我听错了吧？这可不应该是国君可以说的话呀！"

晋平公的侍卫认为师旷无礼，建议晋平公处罚他。晋平公这时醒悟了，他说："为什么要惩罚他呢？先生说得对啊，我要以此自警，以后要谨言慎行啊。"

晋平公能够自省，为臣子百姓做出了表率。晋平公前期，晋国再度恢复了昔日的强大。

思考时间

1.周厉王为何被驱逐了呢？

2.晋国为什么能在晋平公前期再度强大呢？

第9章　亲老爱幼

原文

孟子曰："老吾老，以及人之老①；幼吾幼，以及人之幼②。天下可运于掌。"

——《孟子·梁惠王章句上·第八节》

孟子曰："禹思天下有溺者，由己溺之也；稷思天下有饥者③，由己饥之也，是以如是其急也。"

——《孟子·离娄章句下·第二十九节》

词语注释

①前一个"老"：动词，尊敬。后两个"老"：名词，长辈。

②前一个"幼"：动词，爱护。后两个"幼"：名词，儿女。

③稷（jì）：后稷，他辅佐禹，教民众耕作、播种、收获。

章句理解

孟子说："尊敬自己的长辈，并推广到尊敬别人的长辈；爱护自己的儿女，并推广到爱护别人的儿女。（以这样的思想为指导）治理国家就像转动手掌上的东西那般容易了。"

孟子说："大禹想到天下有遭水淹没的人，就像自己也被水淹没了一样。后稷想到天下有挨饿的人，就像自己也挨饿一样。所以他们拯救百姓才那样急迫。"

国学启示

本章两段文字阐述由己及人的忠恕思想。君主治理国家，要像对待自己的父母那样尊敬，像对待自己的孩子那样谨慎。父母爱护子女，子女尊敬父母，这是血缘天性。君主仁政治国，则需要将家族血缘的亲情推广到对百姓的普遍同情。从而庄重严肃地对待政事，节约财用，使百姓有所养、有所护、有所教。只有这样治理国家才有成效。反之，只有对自己家人的亲情，而无对百姓的同情，百姓就会不买君主的账，国家也就治理不好。

趣味故事

齐民如"渴马"

齐景公在位五十八年，是齐国历史上统治时间最长的君主。他统治的前期，齐国强盛一时。他统治后期，却只知道个人享乐。为了维持他豪华的生活，齐国百姓收入的一多半都让他消费掉了。他只顾增加赋税，不管百姓死活。他死的时候，齐国百姓都无感，觉得没有什么好留恋他的。

有一次，齐景公喝酒喝得来劲了，大半夜驾着车，带着美酒和乐鼓手，去找晏婴一块喝。晏婴听说齐景公来了，登时吓出一身冷汗，慌忙问齐景公："您深夜突然来我家，是有外敌入侵了吗？是国内发生了什么大变故吗？"

齐景公说："没那么多事，就是想来找你喝酒了。"

晏婴没好气地说："您这不是君主该干的事啊。我没那工夫，我要睡觉了。"

齐景公知道晏婴正直，就扫兴地走了，去了一个佞臣家里，喝得酩酊大醉。

就在齐景公喝美酒的时候，齐国百姓却已经陷入了水深火热之中。齐景公死后，他的儿子齐简公即位。齐简公对百姓依旧是课以重税，谁不听从就用酷刑惩治。

当时，齐简公有个马车夫，非常善于驾驶马车。他花费了一百天时间，给齐简公训练马匹，终于训练成功了。齐简公就让这个马车夫驾驶马车，在园子里试车。谁知，刚走了几步，马就看见了水池，呼地拉着车就跑到水池边，咕咚咕咚喝了起来。无论这个马车夫怎么吆喝，马就是不听。

韩非子说，马匹已经渴得受不了了，不喝水就无法活命，哪里还听你吆喝呢？现在齐国的百姓，被齐景公和齐简公压榨得就像"渴马"一样，谁还会服从齐简公呢？

就在齐简公压榨百姓的时候，齐国大臣田恒却借粮食给百姓。不但借，而且是用大斗借出去，老百姓只需用小斗还即可。于是，老百姓纷纷都归顺田恒。

后来，田恒夺取齐国政权的时候，老百姓都支持他。

思考时间

1.韩非子认为，田恒为何能顺利夺取齐国政权呢？

2.本章孟子说的话，是要提醒国君要有什么样的情怀呢？

第9章 亲老爱幼

第 10 章　以德治国

第一节　仁者无敌

原文

孟子曰："有人曰：'我善为陈①，我善为战。'大罪也。国君好仁②，天下无敌焉③。"

——《孟子·尽心章句下·第四节》

词语注释

①陈（zhèn）：今作阵。朱熹《四书章句集注》："治行伍曰陈，交兵曰战。"

②好（hào）：喜好（与恶（wù）相对）。

③天下无敌焉：《孟子·梁惠王上》："故曰'仁者无敌'王请勿疑！"与本章同一个意思，都是强调君主应实行仁政，而不是穷兵黩武。

章句理解

孟子说："有人说'我善于排兵布阵，我善于攻伐作战。'这是很大的罪恶。一国君主如果喜好仁德，那么天底下就不会有对手了。"

国学启示

现在历史课本中，笔墨多在武功显赫的皇帝身上，如秦始皇、汉武帝

等，对施行仁政，平和治国的皇帝落墨吝啬，如汉宣帝、宋仁宗、明孝宗等。可是，老百姓生活得最好的时候，并不是皇帝忙于开疆扩土、施展武功的年代，恰恰是平和的年代。

例如，汉武帝倾举国之力，经年累月与匈奴决战，全国户口减少近半，沉重赋税更是把经济推到了崩溃的边缘，付出了这么大的代价，汉武帝死后几十年的时间，匈奴再度强大。北宋澶渊之盟，每年10万银、20万匹绢的代价（不及战争费用3000万两的百分之一，并且北宋通过榷场交易还可以赢回来），保持了北宋近百年的和平。

小朋友学习历史时，要注意体会孟子的仁政的历史作用和现实意义。战争的目的不是成就某个人的丰功伟绩，而一定要立足于更有利于民众的生活，如"攻其国，爱其民"之战，如"保人民"之战。

第二节　王霸之辩

原文

　　孟子曰："以力假仁者霸①，霸必有大国；以德行仁者王②，王不待大——汤以七十里，文王以百里。以力服人者，非心服也，力不赡也③；以德服人者，中心悦而诚服也，如七十子之服孔子也④。"

——《孟子·公孙丑章句上·第三节》

词语注释

　　①霸：依靠武力，迫使别人归顺。与"王"相对。

　　②王（wàng）：实行仁德，天下归服。与"霸"相对。

　　③赡：赵岐《孟子注疏》："赡，足也。"

　　④七十子：孔子弟子三千人，身通六艺者七十多人。《史记》中有说

七十二人，有说七十七人，也有"七十子之徒"的说法。

章句理解

孟子说："依仗武力却假托仁义之名四处征讨的可以称霸诸侯，称霸一定是凭着国力强大；依靠道德实行仁义则会天下归服，天下归服并不一定需要国力强大——商汤就以七十里封地，周文王也仅以百里之地（实行仁政，天下归服的）。以武力使人家归服的，人家并不是真心的，只不过人家力量不足以抗衡罢了。以仁德让人家信服的，人家才会心悦诚服地顺服，就像孔子七十多个弟子归服孔子一样。"

国学启示

霸道和王道，是法家和儒家治理社会各自的方略。王霸之辩是孟子思想的内容之一。以王道治国，还是霸道治国，这是儒家与法家的根本分歧。战国时期，以秦国卫鞅变法为代表的霸道。在秦国覆灭后，霸道便不再是社会意识的主流。西汉以"黄老"治国，休养生息，这实际上是糅合了儒家的思想观点。越是专制的君主，越喜欢霸道；越是开明的君主，则越倾向于王道。

趣味故事

成欢劝齐王不仁

成欢对齐闵王（也称齐湣王）说："大王，您太仁慈了，对人不够狠。这样怎么能行呢？"

齐闵王一愣，反问道："仁慈，不狠心，不好吗？"

成欢说："那得怎么看呀，做臣子这样是可以的，但是君主就不应该这样了。为什么这么说呢？做臣子的，仁慈才能和人共事；不狠心，才有人愿意靠近他。所以，仁慈是臣子的好名声。"

齐闵王问道："那么君主该怎么做呢？"

成欢说："君主就得抛弃仁慈，对人要能狠下心来。您现在对孟尝君就过于仁慈了，对待田氏家族（齐闵王的本家，齐闵王也是田氏）又不够狠。对待孟尝君仁慈，那么您的大臣就没有了权力。对待田氏家族不狠心，他们就会违法犯纪，官员不能处置他们，那么朝廷的威势就丧失了。朝廷的威势丧失了，军队就会没有战斗力，政治也会陷入混乱。这是亡国的先兆啊。"

成欢说的有道理，站在今天的角度回头看，孟尝君虽然号称四君子之一，他对于齐国不能说没有贡献，但他的破坏力也不小。田氏权力太大，导致政出多门（这是那个时代的普遍现象，一直到隋唐实行了科举制后，才逐渐消失），这也是有害的。

可是成欢说的也没道理，孟尝君下台后，换上了苏秦，齐闵王重用苏秦，谁知苏秦是燕国的奸细，几乎把齐国给毁了。并且，一个君王抛弃仁政，拥抱霸道，秦国做到了，可是又如何呢？仅仅14年的时间，一个新建的大国就轰然倒塌。

内无仁心，外不能实施仁政，则会民不知有国。民不知有国，即便君主再狠心，又有何用呢？

思考时间

1.孟子认为怎么做才能天下无敌呢？

2.成欢劝说齐闵王，你觉得成欢的观点比较贴合哪个思想流派的主张？

第 11 章　王道

第一节　王道之始

原文

孟子曰："王如知此，则无望民之多于邻国也。不违农时，谷不可胜食也①；数罟不入洿池②，鱼鳖不可胜食也；斧斤以时入山林③，材木不可胜用也。谷与鱼鳖不可胜食，材木不可胜用，是使民养生丧死无憾也④。养生丧死无憾，王道之始也。"

——《孟子·梁惠王章句上·第三节》

词语注释

①胜（shēng）：副词，尽、完之意。本章"胜"字，皆是此音、意。

②数罟（cù gǔ）：数，密。罟，网。洿（wū）池：洿，洼地，有水的地方。此处译为池塘，池泽。

③斧斤：斤，类似斧子的一种砍伐器具，比斧子小。此处为用斧斤砍伐山林。

④憾：恨（焦循《孟子正义》）。

孟子说:"您如果明白了这个道理,就不要再总想着你的百姓会比邻国多了。不让徭役、兵役耽误百姓耕种收获,粮食就足够吃了。不用细密的渔网去池泽捕鱼,鱼类水产品也会足够吃了。砍伐树木有一定的时间,材木就可以长久够用了。粮食和鱼类水产品足够吃,材木足够用,这样就使百姓对生养死葬没有什么怨恨和不满了。百姓对生养死葬没有怨恨和不满,这就是王道的开始。"

国学启示

王道是孔孟儒家思想治理社会的构想。在这个构想当中,以人性本善为起点,以保民为基础,即治理社会是以让老百姓生活得更好、更有尊严为动机和目的。

如何才能让百姓生活得更好,更有尊严呢?首先要保证百姓生有所养,死有所葬;其次要保证百姓的生存问题,这是最起码的要求,也就是王道的开始。

第二节　鼓励农耕,减轻赋税

原文

孟子曰:"易其田畴①,薄其税敛,民可使富也。"

——《孟子·尽心章句上·第二十三节》

词语注释

①易:赵岐《孟子注疏》:易,治也。畴:朱熹《四书章句集注》:畴,耕治之田也。田畴,此处可理解为田地。

第11章　王道

章句理解

孟子说："让百姓耕种他们的田地，减轻他们的税收负担，就可以使百姓富裕了。"

国学启示

当权者穷奢极欲、好大喜功、大兴土木或穷兵黩武，很容易导致横征暴敛、滥用民力。在古代生产力低下、农业为主的社会状态中，这是很危险的。农业生态非常脆弱，耽搁一季农时，一年就没了收成。农业产出很低，一人奢侈，则需要万人供养。所以，不耽误农时，减轻赋税，是那个时代让百姓积累财富最有效的手段。西汉初期的休养生息政策，即是如此。

第三节　有恒产者有恒心

原文

孟子曰："民之为道也，有恒产者有恒心[1]，无恒产者无恒心。苟无恒心，放辟邪侈[2]，无不为已。及陷乎罪，然后从而刑之，是罔民也[3]。焉有仁人在位，罔民而可为也？"

——《孟子·滕文公章句上·第三节》

词语注释

①恒产：以此为生计的产业。恒心：人对社会和他人基本的善念，此处译为"道德观念和行为准则"。

②放辟邪侈（fàng pì xié chǐ）：放、侈，放纵之意；辟、邪，不正派，不正当。

③刑：处罚。罔（wǎng）：同"网"，意为张网以待（如现代词语中的"钓鱼执法"），故而译为"构陷"。

章句理解

孟子说："百姓生活的法则是，有了持续固定产业收入的人，就有道德观念和行为准则；没有持续固定产业收入的人，就没有道德观念和行为准则。一旦没有道德观念和行为准则，就会胡作非为触犯刑律，什么事情都干得出来。等到他们犯了罪，再依照法律进行处罚，这就是构陷啊。哪里有仁义的君主会让构陷百姓的事情发生的呢？"

国学启示

本章内容是孟子对滕文公说的，孟子对齐宣王也说过这番话。这是孟子对私有权益合理性的主张，也是对人性的认知和尊重。既然以民为本，实行王道，就要使百姓有恒产，并且要保护百姓的产权，这样才有利于百姓的生活和社会的发展。随意剥夺百姓的产权，或者破坏百姓的恒产，国君就失去了统治上的正当性。

~趣味故事~

郑国渠——无心插柳柳成荫

古时候的人，追求一种什么样的生活呢？孟子说，让百姓免于饥饿，有衣服穿，年长的人有肉吃，这就是不错的生活了。可能小朋友意识不到，觉得吃饱穿暖，这也太容易了些吧。古时候，生产力低下，能吃饱穿暖就非常不易了。

以前，有一个国家曾经想消耗另一个国家的力量，它就引诱另一个国家去进行一项大工程，结果阴差阳错，白白给人家多送了上百万亩良田，反而让人家国力大增。这是个什么样的工程呢？它就是郑国渠。

战国末期，秦国的力量已经形成绝对优势，东方六国根本不是他的对手了。面对虎视眈眈的秦国，六国该怎么办呢？它们想了很多办法，其中，韩国想到的办法就是，让秦国修水渠。韩国的想法很简单，一旦秦国人开始修筑水渠，那就没有多余的人来打我们了。

于是，韩国派出一名间谍，名叫郑国。郑国的另一个身份是水利专家。这可不是吹的，郑国的确是响当当的水利人才，他擅长修筑水渠，引水灌溉庄稼。原来一亩地产粮食100斤，现在浇灌充沛，那就可能是200斤了，相当于田地增加了一倍呢！

郑国来到了秦国，他对秦国国君说："你看，你们的关中平原多是盐碱地呀，田地不少，粮食不多。为啥？浇不上水呀。如果你听我的，我给你修一条大水渠，保管让关中平原成为真正的粮仓。"

秦国国君一听，呀！这个好啊，本来我们秦国的田地就少，如果能增加产量，人就有足够的粮食吃了呀。好，就这么干。

在郑国的鼓动下，秦国派出了大量的人，跟随郑国修筑了一条引水渠，这就是郑国渠。郑国渠把西面的泾水向东引入洛水，长达300多里。这一工程，秦国用了10年的时间。

韩国的目的达到了吗？达到了，但有效期很短，只是给韩国带来了几年的时间。

可是另一个结果韩国却没有想到，郑国渠修成后，原来的盐碱地变成了100多万亩良田。从此，关中地区成为名副其实的沃野粮仓，不但关中地区从此再也不担心吃饭穿衣问题了，整个秦国都不再有粮荒了，这反而帮助了秦国。

秦国以霸道治国，可只要百姓免于衣食短缺之苦，依旧会增加国家的实力。

1.孟子说，人没有了收入，就难免胡作非为触犯法律。孟子是在强调什么呢？

2.韩国本想消耗秦国力量，秦国国力却因为郑国渠增强了。这说明了一个怎样的道理呢？

第12章　仁政

第一节　缘木求鱼

原文

孟子曰："然则王之所大欲可知已①，欲辟土地②，朝秦楚③，莅中国而抚四夷也④。以若所为求若所欲，犹缘木而求鱼也。"

孟子曰："今王发政施仁，使天下仕者皆欲立于王之朝，耕者皆欲耕于王之野，商贾皆欲藏于王之市⑤，行旅皆欲出于王之涂⑥，天下之欲疾其君者皆欲赴愬于王⑦。其若是，孰能御之？"

孟子曰："王欲行之，则盍反其本矣⑧！五亩之宅，树之以桑，五十者可以衣帛矣。鸡豚狗彘之畜⑨，无失其时，七十者可以食肉矣。百亩之田，勿夺其时，八口之家可以无饥矣。谨庠序之教⑩，申之以孝悌之义⑪，颁白者不负戴于道路矣⑫。老者衣锦食肉，黎民不饥不寒，然而不王者⑬，未之有也。"

——《孟子·梁惠王章句上·第八节》

第12章　仁政

词语注释

①然则：连词，用在句子开头，表示"既然这样，那么……"或者"虽然如此，那么……"

②辟：开辟。

③朝（cháo）：使动用法，使……来朝。

④莅（lì）：临，此处为君临天下之意。

⑤商贾（gǔ）：商人。

⑥涂：同"途"。

⑦愬（sù）：同"诉"。

⑧盍（hé）：为什么。

⑨鸡豚狗彘（jī tún gǒu zhì）：豚，小猪；彘，猪。鸡豚狗彘，泛指家畜。

⑩庠序：古代的地方学校。

⑪申：反覆开导。（杨伯峻《孟子译注》）

⑫颁（bān）：同"斑"。

⑬王（wàng）：此处译为天下归服。

章句理解

孟子说："那么您的最大欲望我就知道了，您是想要开辟疆土，使秦国和楚国来朝拜，自己做诸侯的盟主去安抚周边的外族。可要以您的做法来满足您的欲望，无异于爬到树上去抓鱼。"

孟子说："现在王如果发布政令实行仁政，使天下的读书人都想到齐国来做官，农夫都想来齐国耕种，行商坐贾都想和齐国做生意，途中旅客都想取道来齐国，天下各国痛恨其国君的人都想来您这里控诉。若是您做到这样，又有谁能够抵挡呢？"

孟子说："王要实行仁政，为何不从根本入手呢！给每家五亩的住宅

地，住宅围墙下种植桑树，五十岁的老者就可以穿丝绵的衣服了。鸡狗猪等家畜，百姓有时间和力量去养殖、繁衍，七十岁的老者就可以吃上肉了。给每家一百亩的田地，不要妨碍农时，八口之家就不愁温饱了。用心办好各地学校，反复用孝顺父母和尊敬兄长的大义来教化他们，头发斑白的人就不至于头顶、肩背物件在路上行走了。老年人穿丝绸衣服、有肉吃，百姓没有饥寒交迫之苦，这样还不能使天下归服的，那是从来没有过的事情。"

国学启示

齐宣王想建立君临天下的功业，于是就想开疆扩土、征服秦楚大国，这是穷兵黩武的路子。老百姓本来已经生活艰难，如此一来，百姓的生活就更是雪上加霜了。齐宣王的做法，无异于缘木求鱼。孟子认为，远人不服，则修文德以来之。如何修文德呢？那就是要保民，即要百姓免于饥寒的困苦，给予百姓土地作为恒产，并且保障他们的生计不被破坏，使他们生活富裕，同时要教化百姓，使百姓懂得忠孝仁义。实行仁政才是根本。

第二节　贤者在位，能者在职

原文

孟子见齐宣王，曰："为巨室①，则必使工师求大木②。工师得大木。则王喜，以为能胜其任也。匠人斫而小之③，则王怒，以为不胜其任矣。夫人幼而学之，壮而欲行之。王曰'姑舍女所学而从我'，则何如？今有璞玉于此④，虽万镒⑤，必使玉人雕琢之。至于治国家，则曰'姑舍女所学而从我'，则何以异于教玉人雕琢玉哉？"

——《孟子·梁惠王章句下·第九节》

子产听郑国之政⑥，以其乘舆济人于溱洧⑦。

孟子曰："惠而不知为政⑧。岁十一月徒杠成，十二月舆梁成⑨，民未病涉也。君子平其政，行辟人可也⑩，焉得人人而济之？故为政者，每人而悦之，日亦不足矣。"

——《孟子·离娄章句下·第二节》

词语注释

①巨室：规模很大的宫殿。孟子说这句话时，齐宣王正在给自己建造巨大的宫殿，历时三年都没有完工。

②工师：主管各类工匠的官。

③斲（zhuó）：砍，削。

④璞（pú）玉：玉在石中，石中有玉。

⑤万镒（yì）：二十两为一镒。万镒，此形容璞玉的贵重。

⑥子产：公孙侨，字子产，又字子美。春秋时，郑国的贤相；听：治理，管理或执行事务。

⑦舆（yú）：车。溱洧（zhēn wěi）：溱、洧，均是河流名，都在河南。

⑧惠：恩惠。孔子对子产评价很高，屡用"惠"来赞许他。

⑨十一月、十二月：分别相当于夏历的九月、十月。《国语·周语》中提到《夏令》曰："九月除道，十月成梁。"夏历十一月、十二月，中原地区土地已经冻结，天气不适合工程了。梁：桥。

⑩辟：杨伯峻《孟子译注》："辟同闢（pì）。古代上层人物外出，前有执鞭者开道，犹如后代的鸣锣开道。"

章句理解

孟子谒见齐宣王，说："建造大房子，就一定要叫工师去寻找大的木料。工师找到了大木料，大王就高兴，认为工师是称职的。如果木匠把那木料砍斲得小了（而不能用了），大王就发怒，认为木匠是不称职的。（可

见，专业的事情需要专业的人来做）。有的人从小就学习一种本领，长大了想运用于实际，大王却说'先把你所学本领暂且放下，按照我的话去做'，这又怎么可以呢？假如王有一块未经雕琢的玉石，虽然价值高昂，那也一定是要让雕工来雕琢它（而不是您本人去雕琢）。可是一说到治理国家，您却对（贤臣能吏）说'先把你所学本领暂且放下，按照我的话去做'，那么，这和非要让（技术专业的）雕工听从（技术不专业的）您的话去雕琢玉石，有什么不同呢？"

子产执政郑国的时候，曾用他自己的车辆帮助百姓渡过溱水和洧水。

孟子评论说："施以小恩小惠，却不懂施政。如果十一月修成人走的桥，十二月修成车走的桥，百姓就再也不会为渡河而发愁了。上位者施政恰当，出门鸣锣开道都可以，（如果施政不恰当）哪里能够一个人一个人地帮助呢？如果施政的人，一个一个地去取悦百姓，时间也就太不够用了。"

国学启示

贤者在位，能者在职，是孟子仁政实施的重要条件。首先要强调仁，即上位者要有仁心、仁德、仁政的大局观；其次在职为官要有治理民众的才干这一专业技能。总之，用人至为重要。有贤德和才能的人，才能大处着眼小处入手，不局限于小恩小惠，而通过政治清明使得全体百姓受益。

孟子说："一个人掉进了水里，可以用手去救；天下的都掉进了水里，那就要用道去解决了，而不是用手。"因而，实行仁政，需要做到贤者在位，能者在职。

故事一：画饼充饥与水中捞月

三国时期，还没有后来的科举考试，官员的任用是通过推荐和征召的方式。推荐这种方式有一个坏处，那就是真有才能的人可能不被推荐，而推荐者也可能不愿意或不认识有贤能的人。所以，不少被推荐上来的人只会夸夸其谈，并没有真实的治理才能。

在北方的曹魏，有一个人叫卢毓（yù）。卢毓少年的时候，父亲和两位兄长都死于战乱，他照顾嫂子和侄儿，还不忘自己苦学。后来，被曹操的儿子曹丕举荐做官。

连年战争，有不少当兵的逃亡了。甚至有的人刚结婚，妻子还没有认识丈夫，丈夫被征兵后就逃亡了。当时魏国的法律很严苛，逃兵家属是要被治罪的。卢毓了解到这个情况后，就为那些逃兵的家属开脱。卢毓的做法得到了曹操的赏识，曹操给他升了官。

卢毓做官很务实，从来不搞那些虚头巴脑的事情。他举荐人才，非常重视贤能。他说："有才能，没有品行，有才也是无用。才能是用来做善事的，大才能做大善事，小才能做小善事。如今举荐的人，不能做事，那是因为他们没有品行的缘故。"

魏明帝很欣赏卢毓的务实，屡屡让他举荐人才。一次，魏国要举荐中书郎，魏明帝说："举荐就由卢毓来负责。选拔不能只看重名声，名声就像画在地上的饼，哪里能吃得到呢？"

重视徒有虚名却无实际用处的所谓名声，而不考虑品德贤能，这无疑是缘木求鱼舍本逐末呀。

月圆之夜，一群猴子在井边玩。突然猴王发现，月亮竟然"掉"进井里了。它招呼其他猴子，说："我们把月亮捞出来吧。"

其他猴子齐声呼喊道："好啊，好啊，捞起来，捞起来。"

有只小猴子问道："可是，井这么深，我们也够不到呀。"

猴王挠了挠脑袋，一拍手说："有了，我们把尾巴缠在树上，一只接一只就可以进入井里了。"

猴子们纷纷欢呼："好呀，好呀。"

于是猴子们很快连接起来，最下面的猴子把手伸进水里，想去把月亮捞起来。可是，它的手一碰到水，月亮就"碎"了，怎么也捞不起来。

井中的月亮只是一个影子，又怎么能捞得起来呢？

认识不到问题的根本所在，即便付出再多的努力也不能解决问题。再多的努力，也不过是缘木求鱼，水中月、镜中花。

故事二：子产相郑

孔子曾说，子产这个人有君子的四种品德：他的容颜态度庄严恭敬，他对君主认真负责，他的施政对百姓有好处，他谨慎使用民力而不奴役百姓。

子产，是郑国的大夫。先前，郑国国君让他宠信的一个人做相国（丞相），结果把国家搞得乱七八糟。外面的诸侯国都想来欺负郑国，国内官民冲突也非常大。后来国君就任用了子产，让子产做相国，处理政务。

子产执政一年后，郑国国内的风气就变得淳朴了，老人和孩子都得到了照顾。两年以后，市场买卖就公平无欺了。三年以后，人们就夜不闭户、路不拾遗了。子产不但把国内治理得很好，外交工作也非常不错，他做相

国二十六年，郑国没有外敌侵入，所以，青壮劳力都能够安心在家。

一次，有人送给子产一条活鱼，子产吩咐手下去把鱼放生。这个手下却偷偷地把鱼煮着吃了，他吃完后回来告诉子产："我已经把鱼放生了，这条鱼晃动着尾巴，不一会儿就游入深水不见了。"

子产听了手下的汇报，说："鱼儿去了它应该去的地方，好呀。"

这个手下见子产这么好糊弄，就对别人说："谁说子产聪明？我把鱼吃了，他却还在那里说什么'鱼儿去了它该去的地方'。这不是愚蠢吗？"

孟子听说了这件事，评价子产说，尽管可以利用君子的方式去欺骗他，但没有人能利用他不认可的道理来迷惑他。不怀疑正当的事情，不质疑合情合理的事情，维护社会基本的信任，要比防范欺诈更重要。子产就是这样对待其他人，对待百姓的。

后来，子产去世了。郑国百姓都痛哭流涕，说："相国离开我们了，我们以后依靠谁呢？"

思考时间

1.孟子说齐宣王的做法是缘木求鱼。思索一下，孟子认为的正确方法会是什么呢？

2.魏明帝把什么样的人比喻是画在地上的饼？

3.子产的手下欺骗了他，但孟子却说那个手下没能够迷惑子产，这是为什么呢？

提示：小朋友，你可以回忆一下，有没有在爸爸妈妈面前耍过"小聪明"呢？爸爸妈妈是真没看透，还是看透了没说呢？和爸爸妈妈一起回忆一下吧。

第 13 章　推恩保民

第一节　明察秋毫，不见舆薪（yú xīn）

原文

孟子曰："有复于王者曰①：'吾力足以举百钧②，而不足以举一羽；明足以察秋毫之末③，而不见舆薪④。'则王许之乎⑤？"

孟子曰："今恩足以及禽兽，而功不至于百姓者，独何与？然则一羽之不举，为不用力焉；舆薪之不见，为不用明焉；百姓之不见保，为不用恩焉。故王之不王，不为也，非不能也。"

——《孟子·梁惠王章句上·第八节》

齐宣王曰："吾何以识其不才而舍之？"

孟子曰："国君进贤，如不得已，将使卑逾尊，疏逾戚，可不慎与？左右皆曰贤，未可也；诸大夫皆曰贤，未可也；国人皆曰贤，然后察之；见贤焉，然后用之。左右皆曰不可，勿听；诸大夫皆曰不可，勿听；国人皆曰不可，然后察之；见不可焉，然后去之。左右皆曰可杀，勿听；诸大夫皆曰可杀，勿听；国人皆曰可杀，然后察之；见可杀焉，然后杀之。故曰，国人杀之也。如此，然后可以为民父母。"

——《孟子·梁惠王章句下·第七节》

词语注释

①复：告白。

②钧：三十斤为一钧。

③秋毫之末：秋天鸟兽新生绒毛的尖端，现比喻极细小的东西。

④舆薪（yú xīn）：舆，车子；薪，柴火。舆薪，装满车子的柴火，现比喻大而易见的东西。

⑤许：信。

章句理解

孟子说："有人向您（齐宣王）告白说：'我的力气足以举起百钧重物，却不能举起一根羽毛；眼力足以看得见秋天鸟兽新生的绒毛，却不能看见眼前的一车柴火。'您相信这种话吗？"

孟子说："如今王的恩惠连禽兽都能沾光，却不能使百姓得到好处，这是为什么呢？如此看来，拿不起一根羽毛，是因为不愿意用力气的缘故；看不到一车柴火，是因为不愿意用眼睛的缘故；百姓得不到安定的生活，是因为不愿意施恩的缘故。所以说，王没有做到使天下归服，只是不愿意去做，而不是做不到。"

齐宣王问："怎样才能识别那些没有才能的人而不用他呢？"

孟子回答道："国君选用贤才，如果迫不得已任用新进之人，难免就会把地位低者提拔到地位高者之上，把疏远的人提拔到亲近的人之上，这种事能不慎重吗？因此，左右亲信都说某人好，不可轻信；众位大夫都说某人好，亦不可轻信；全国的人都说某人好，然后去考察；发现他有真才实学，再任用他。左右亲信都说某人不好，不可轻信；众位大夫都说某人不好，亦不可轻信；全国的人都说某人不好，然后去考察；发现他果真不堪用，再罢免他。左右亲信都说某人该杀，不可轻信；众位大夫都说某人该杀，亦不可轻信；全国的人都说某人该杀，然后去考察；发现他真该杀，再杀掉他。所以说，是全国人杀的

他。这样做，才可以做老百姓的父母。"

国学启示

本节孟子与梁惠王、齐宣王对话的两段文字，前者强调要默察己心，后者强调明察于人。无论是默察还是明察，都是为了把事情搞清楚，让自己接近真相，从而处事不被蒙蔽。

既能举百钧，则必能举一羽；既能明察秋毫，则必能看到舆薪。实际则是心被蒙蔽，所以要反问己心，默察以去除蒙蔽。君主是一国的最高权力拥有者，不要轻易就说自己做不到、做不好，欠缺的只是意愿或毅力罢了。是自己的义务却不去尽职，这叫推诿；是自己的责任却不去履行，这叫没有担当。

众人都说可用、可活、可杀，君主亦应去仔细明察，不可偏听偏信。国君用人行政，当重视民意。如果只凭己之好恶，抑或亲信、官员之好恶，国家是无法治理好的。

第二节 权度（duó）

原文

孟子曰："权①，然后知轻重；度②，然后知长短。物皆然，心为甚。"

——《孟子·梁惠王章句上·第八节》

孟子曰："知者无不知也，当务之为急；仁者无不爱也，急亲贤之为务。尧舜之知而不遍物，急先务也；尧舜之仁不遍爱人，急亲贤也。"

——《孟子·尽心章句上·第四十六节》

第13章 推恩保民

词语注释

①权：铨（quán）衡，可以称重量的器具。此处译为秤。

②度（duó）：尺子，可以量长短。

章句理解

孟子说："用秤称量一下，才知道轻重；用尺子丈量一下，才知道长短。万物都是这样的，人的心更需要这样。"

孟子说："智者没有不该知道的，但他们以当前重要事务为先；仁者没有不爱人的，但他们先爱亲人和贤者。尧舜的智慧也不能通晓一切事物，那是因为他们急于了解首要的事务；尧舜的仁爱不能遍及每个人，那是因为他们先要爱亲人和贤者。"

国学启示

本节两段文字，旨在阐释对本与末，轻与重，缓与急地权度。不称量不知轻重，不丈量不知长短，分不清远近缓急则为不识大体。

❦ 趣味故事 ❦

故事一：保民而王——唐太宗李世民

在中国的古代帝王中，能够得到现代社会东西方都赞许的，当属唐太宗李世民了。

隋炀帝好大喜功，征收沉重赋税，征发频繁徭役。百姓非但不能安居乐业，就连生活都难以继续，这才推翻了隋朝。李世民即帝位不久，就着手储备天下人才。他知人善任，不问门第，唯以贤能。李世民亲眼

看到隋朝短短38年，才两代皇帝就被推翻了。李世民以隋亡为戒，说："君依于国，国依于民。刻民以奉君，犹割肉以充腹，腹饱而身毙，君富而国亡。"坚定了保民而王的信念。

唐太宗实行均田制和租庸调制，使得百姓都有地种，他又减轻百姓的赋税和徭役，不打扰百姓的耕作时间，唐朝的经济迅速发展起来。百姓、国家富有了，而他却"戒奢从简"，节制自己贪图享乐的欲望，减少沉冗的官吏，进一步减轻了百姓的负担。

一次，唐太宗和大臣们讨论如何防止盗贼的方法。有的大臣说，需要用严刑酷法。唐太宗却宽和地说："百姓为盗贼，这是因为赋税沉重，徭役繁多，官吏盘剥，百姓饥寒交迫而无法生活下去导致的。饭都吃不上了，哪里还能在乎廉耻呢？所以，治理盗贼需要从朕和大臣们开始，朕要杜绝奢侈浪费，减轻赋税，减少徭役、兵役，官吏们守法做事，这样一来，百姓吃穿有余，谁还肯去做盗贼呢？"唐太宗认为，只看到百姓做盗贼，而看不到百姓为何做盗贼，这是明察秋毫却不见舆薪，本末倒置。

又一次，益州都督上奏唐太宗，说益州当地獠民造反，请旨镇压。唐太宗说："獠民固然是因为积习做一些小偷小摸的事情，当地官吏进行安抚便是了，何必大动干戈呢？出兵镇压，犹如举起千钧重物，而安抚却如举一根羽毛，为何避轻就重呢？况且，獠民也是大唐子民，动辄就把他们当成禽兽，这难道是为民父母该有的态度和做法吗？"于是不准出兵镇压。

唐太宗即位第四年，全国死刑犯仅29人。第六年，死刑犯增加到了290人。唐太宗没有因为犯法的人增多就采用秦朝严刑酷法的做法，他反而允许这290名死刑犯回家，和家人过一个团圆年，待到来年秋再回来执行死刑。第二年，这290名死刑犯无一例外都返回了。

经过几年的努力，天下太平，夜不闭户路不拾遗。当时政治清明，人民生活富足，官吏极少有贪污行为，唐太宗时期成为中国历史上百姓怨气最少的年代。

社会公平，民丰国富，正是这样的社会环境，使唐朝的文化和经济发展到了中国历史上一个崭新的高峰，社会文明对整个东亚都产生了极其深远的影响。

故事二：鲁丹逃离中山国民

春秋战国时期，有一个诸侯国格外与众不同，它在春秋末期才立国，先被强大的晋国灭国（乐羊子灭中山国），后来又为强大的齐国扶持复国，复国后立足在强大的赵国腹地、夹在赵国与燕国之间，竟然又一度发展成将近几千辆战车的强国。它就是中山国。

中山国复国后，前两代国君都很有作为，硬是虎口夺食，扛住了赵国的多次进攻，将疆土扩展至五百里。中山国国君减轻百姓负担，一时间吸引了不少百姓前来归附。对外依靠齐国，发展与燕国、晋国的关系。就这样，这个时时处处被人惦记，时不时就被人打上门的小国，日子竟然越过越好，还曾经吸引了不少有才能的人。

鲁丹也想去中山国看看。他来到中山国后发现，只要不贿赂中山君的近臣，他就无法见到中山君。鲁丹就给了中山君近臣五十金，终于与中山君见面了。

可是，鲁丹见到中山君却没有多说话，中山君也只是招待他吃了一顿饭。鲁丹辞别后，上了马车，就直接离开了中山国。

鲁丹的车夫很不理解，问他说："您不是来见中山君的吗？现在终于见到了，您不求取官职，怎么反而要离开呢？"

鲁丹说："中山君能因为别人的话对我好，就能因为别人的话而降罪于我。这样没有前途的国家，就算白给我官职，我也是不敢要的。我岂能为

了一个官位，把自己的命葬送了？"

说完，鲁丹连住宿的旅社都没有回去，就直奔中山国边境而去。幸亏他跑得快，中山君正在派人搜捕他。原来，他离开后，就有人向中山君诬陷他，说他是赵国的奸细。鲁丹的见事之明，真是足以明察秋毫之末呀。

中山国为何变成这样了呢？原来，鲁丹来中山国的时候，中山国的新国君已经不再居安思危、奋发进取了，反而对内任用奸佞，疯狂盘剥百姓以增强武力，狂妄地要和大国争王争霸。不但抢夺了燕国的土地，还和齐国撕破了脸皮。中山国处处树敌，国内百姓不再支持他，国外也没有诸侯再愿意帮他了，终于被赵国所灭。

《道德经》里说："治大国，若烹小鲜。"再强大的国家，如果不能正确权度国事，不能谨慎地对待百姓、对待民生，祸事的到来是迟早的事儿。

思考时间

1. 对待盗贼，不用严刑；对待獠民，不用镇压；对待犯罪，不用苛法。唐太宗这样做，是因为他意识到了什么才是根本呢？

2. 鲁丹好不容易见到了中山君，为何没有求取官职，反而逃离了呢？

第14章　顾左右而言他

原文

孟子谓齐宣王曰："王之臣有托其妻子于其友而之楚游者①，比其反也②，则冻馁其妻子③，则如之何？"

王曰："弃之。"

曰："士师不能治士④，则如之何？"

王曰："已之。"

曰："四境之内不治⑤，则如之何？"

王顾左右而言他。

——《孟子·梁惠王章句下·第六节》

词语注释

①妻子：妻子和儿女；之：往。例如，初一课本《蜀鄙二僧》中"吾欲之南海，何如？"之即往。

②比（bì）：及，至；反：同"返"。

③则：杨伯峻《孟子译注》，此处则的用法，表示事情的结果不是当事者所愿意，而早已处于无可奈何的情况中。

④士师：狱官，执掌刑狱的官吏或管理监狱的官吏。

⑤四境之内不治：国内治理不好。

章句理解

孟子对齐宣王说："如果您的一个臣子将妻儿托付于朋友，自己去游玩楚国了。等他回来的时候，他的妻儿却在受冻挨饿。您会怎样对待这样的臣子呢？"

齐宣王说："和他断交。"

孟子说："狱官不能管理他的下属，您会怎么样对待他呢？"

齐宣王说："将他撤职。"

孟子说："一国境内治理不好，您会怎么对待这样的君王呢？"

齐宣王左看看右看看，说起了别的事情。

国学启示

勤劳政事，保境安民，本是王所固有的义务和责任，齐宣王却不愿意多谈。说别人的过失，头头是道。说到自己的过失时，就不肯面对了。这

就是不敢或者说不肯面对自己的问题，不懂得自我反省的人的做法。一个不懂得反思内省自己的人，怎么能在正确的方向上做正确的事情呢？

故事一：不改正错误的子西

春秋时期，楚国有一个令尹（丞相），他是楚平王的弟弟。后来，楚国人两次让子西做楚王，子西都拒绝了。孔子说，这个人真是沽名钓誉呀，早晚要发生祸事。为什么不做楚王就是沽名钓誉呢？

楚国经过楚灵王和楚平王这两个昏聩荒淫君主的挥霍，已经危机四伏。当时东边的吴国和越国正强大起来，时时威胁楚国。楚平王死后，太子年幼，且楚国人不喜欢太子的母亲，楚国人要立子西为楚王，可子西觉得自己是庶出，不应越过名分，就让楚平王最小的儿子做了楚王，这就是楚昭王。

楚昭王和他爹一样，比较喜欢惹事，但又没有担当。他要与吴国开撕，可是吴国当时经过夫差和伍子胥的治理，正是最强的时候，而楚国却早已虚弱不堪了。子西劝他不要这么做，楚昭王不听。

好吧，那就撕破脸皮。吴国早就等不及了。结果，楚国战败，都城都被吴军占领了，楚昭王逃亡。

后来，子西借助秦国的支持，开始反击吴军，逐步夺回了都城和失地。子西为楚国复国，起到了很关键的作用。

楚昭王临死的时候，再次让子西做楚王。子西又拒绝了。

孔子听说后，感慨地说："子西的心胸真是开阔呀！君主这样大的名利，都不能诱惑他，他的德行真是高洁呀！可是，子西是只看重自己的名

第14章 顾左右而言他

63

声，这是不应当的呀。谁能去劝阻他呢？"

孔子认为，国家危难之时，子西应该有勇气担负责任，像周公做的那样勇于任事敢于担当，而不是把名声看的比什么都重。后来，子贡去劝说他，子西随意应付子贡，并没有把子贡的话听进去。所以孔子说："我看子西是没有真正改正自己的错误，早晚会给自己带来祸患。"

不久之后，子西为了名声，又把白公胜召回楚国。白公胜回到楚国后，在子西的扶持下，实力越来越大。白公胜虽然与有贤能的人交往，可是他没有大局观念，只想发动战争复仇。子西没有支持他这样做，他就把子西给杀死了，楚国又经历了一场内乱。

子西过分看重自己的名声，缺乏担负责任的勇气，偏偏又不能反思改变。终于不幸被孔子说中了。真叫人惋惜呀！

故事二：惠子劝说邹忌

有一个叫田驷的人，经常骗人。有一次，他骗到了邹忌的头上。邹忌被骗后，十分生气，就派人去杀他。田驷害怕了，就央求惠子救他一命。

惠子找到邹忌，跟他说："如果有人闭上一只眼睛，只用一只眼睛看您。您会怎么样？"

邹忌说："竟敢这样侮辱我，我定要杀了他。"

惠子说："瞎子两只眼睛都闭着，您为什么不杀呢？"

邹忌说："这能一样吗？瞎子的眼睛本来就是闭着的呀。"

惠子说："田驷这个人，到处骗人，他自己都习惯了。他东边骗过齐王，南边骗过楚王，就这样的一个人，您为何非要和他一般见识呢？况且，他也罪不至死呀。"惠子的意思是说，田驷骗人不对，你却因此而过度使用

刑罚，也是不对的。

邹忌听了惠子的话，苦笑着自嘲说："是呀，幸亏先生提醒，否则我也就像田驷一样了。多谢先生教我。"邹忌放过了田驷。

思考时间

1. 齐宣王为何顾左右而言他呢？

2. 子西连楚王的王位都不要，孔子又为何说他只看重自己的名声呢？

3. 惠子用什么方法说服了邹忌？

第15章　一毛不拔

原文

孟子曰："杨子取为我①，拔一毛而利天下，不为也。"

——《孟子·尽心章句上·第二十六节》

词语注释

①杨子：姓杨，名朱，字子居。战国初期的思想家、哲学家；取：主张；为（wéi）：做。

章句理解

孟子说："杨子主张为我，拔一根寒毛就会对天下有利，那也是不肯这么做的。"

国学启示

孟子时代，杨朱和墨翟已是扬名天下了。孟子以"浩然正气"抵御杨

朱和墨子，弘扬孔子思想。不过，这是学术之争，不是意识形态之争。

孟子认为人性本善。人既有本能的无私，如父母与孩子的无私出于血缘亲情；也有大义的无私，如"无求生以害仁，有杀身以成仁"，为了大义，甚至牺牲自己的生命。所以，他反对自私自利，特别是损人利己的自私自利。

可是，杨朱"拔一毛而利天下，不为也"，未必如孟子所说，或许另有含义。《列子·杨朱》篇中记载"悉天下奉一身，不取也"。由此可以推测，杨朱的"一毛不拔"或许是强调：不能打着为了天下的幌子，就随便剥夺个人的利益。如果是这样，那么杨朱就是保护私有权益的倡导者，这和孟子"恒产伦"有相同之处，在我国历史上都是难能可贵的。杨朱的书籍都被秦始皇一把火烧了，现在已经不能确切地知道一毛不拔的真实寓意了。仅为揣度，供小朋友读者参考。

～✿～ 趣味故事 ～✿～

故事一：齐景公惠民

齐景公访问晋国，晋平公设宴款待，陪同的还有晋国的太师、盲人音乐家师旷。

席间，齐景公就向师旷请教，说："先生，虽然我是一国国君，可是我愚昧，不懂治国之道。希望先生能够教我。"

师旷说："您只要施惠于民就可以啦。"

齐景公不得其解，但他知道师旷的大名，他说出来的话，那一定就是有所指的。于是喝酒喝到一半的时候，他又忍不住问师旷，说："我很愚钝，先生可否说得更清楚些呢？"

师旷又说："您只要施惠于民就可以啦。"

齐景公郁闷了。难道高智商的人，都是说话说半截，让人家猜谜吗？齐景公酒宴也没能吃好，直到酒宴结束了，也没有明白师旷的话有什么深意。齐景公辞行的时候，师旷去送别他。

齐景公又再次请教师旷，师旷还是说："您只要施惠于民就可以啦。"齐景公辞别师旷，回到下榻的住所，猛然间明白了师旷的意思。

原来，齐景公的两个弟弟在齐国深得民心。弟弟们富有，且身份高贵，百姓如果都归顺他们，那么自己就危险了。师旷先生不断地提醒我，要施惠于民，这就是告诉我要与自己的弟弟争夺民心吧。

齐景公回国后，就打开自己的粮仓，把粮食分发给贫困的百姓，还让七十岁以上的人免费得到国家的供养。他又散发自己府库里的钱财，保住鳏（guān，无妻或丧妻的人）寡孤独。他的粮仓里积攒的往年的粮食没了，他府库积攒的钱财也消失了大半。《大学》里说："诸侯、大夫聚敛民财，民众就会离散；藏富于民，则民众就会聚集。"齐景公把自己的钱财、粮食让与百姓，还制定有利于百姓的政策，终于得到了民心。

几年以后，齐景公的两个弟弟都逃到外国去了。齐景公赢得了民心。齐景公后期贪婪昏庸，那就是他的另一面了。

故事二：燕王欺赵

齐景公散财，赢得民心。有一个国君，他更大方，连王位都让出去了，却只落得个国破身死。这是为什么呢？

燕国有一个国君，他就是燕王哙（kuài）。燕王哙年纪大的时候，不理政事，所有政务都交给了相国子之。子之早已位高权重，专横跋扈。可是

燕王哙还想给子之更大的权力。

原来，有个齐国的使臣出使燕国的时候，燕王哙问这个使臣："你们齐王这样贤明，他一定要称王天下了吧。"

齐国使臣欺骗他说："您说哪里话。现在的齐王，自己的麻烦还处理不完呢，怎么还敢称王天下？我们齐国怕有亡国的危险呢。"

燕王哙奇怪，齐国这两年活得很滋润呀，整天吃饱了就练兵，搞得我们惶恐不安的。没听说齐国有什么内乱麻烦呀，何至于这么吓人，还亡国？

燕王哙就问齐国使臣："齐王有什么麻烦事？"

齐国使臣说："他呀，不能重用有贤能的大臣。"

燕王哙问道："那也不致于亡国呀？"真正亡国就好了，燕王哙心里暗喜。

齐国使臣说："您还别不信。您看看我们齐国最强盛的时候，那时齐桓公把政务都交给管仲处理。我们齐桓公敬爱管仲，立为仲父。现在，齐王对大臣却不敢重用，所以啊，快完了。"

燕王哙听完，心里想，敢情我对子之的重用还不够呀。

后来，一个奸人对燕王哙说："大王，您把国家大事都交给子之处理，已经是很贤明了。可是，如果您要是把整个国家都让给子之，那天下的人必定会说您如同尧那样圣明。如此，燕国也就更强了。"

燕王哙一听，觉得很有道理。燕王哙真是个缺心眼的人。

孟子说的君主施惠，是要让天下百姓受惠，而不是某一个人受益。况且，让位于贤还好，子之分明就是个小人，燕王哙把整个燕国都送给子之，只能说明他是个糊涂虫。

子之做了燕国国君后，一口气把燕国搞乱了，不少土地甚至被中山国抢了去。后来，齐国进攻燕国，燕王哙被人杀死了。

1.齐景公的两个弟弟为何逃出了齐国？

2.齐景公施惠利民，齐国稳定，燕王哙连同王位都让出去了，为何落得国破身死呢？

第16章　持之以恒

第一节　一暴十寒

原文

虽有天下易生之物也，一日暴之①，十日寒之，未有能生者也。

——《孟子·告子章句上·第九节》

词语注释

①暴（pù）：同"曝"，暴晒之意。

章句理解

即使天下最容易生长的植物，暴晒一天，寒冻十天，那也是活不了的。

国学启示

历朝历代，开国君主往往还能重视民生，可是后来的即位者往往就一代不如一代了，不能坚持仁政惠民了。而有的君主则是前期贤明，后期昏聩，这也是不能坚持的缘故。唐玄宗先有开元盛世的辉煌，后有安史之乱

的败局。

　　君主是如此，普通人也是这样。学习、做事要持之以恒，三天打鱼两天晒网，是不能成功的。

第二节　功亏一篑（kuì）

原文

　　孟子曰："有为者辟若掘井[①]，掘井九轫而不及泉[②]，犹为弃井也。"

　　　　　　　　　　　　　　——《孟子·尽心章句上·第二十九节》

词语注释

　　①辟（pì）：同"譬"（pì）。

　　②九轫（rèn）："轫"同"仞"，古代量词，有说七尺为一仞，有说八尺为一仞。九轫约合六七丈。

章句理解

　　孟子说："做事情就譬如挖井，挖井（即便）挖到六七丈深了（只要）还看不到泉水，那它依然是一口废井。"

国学启示

　　小朋友，你也听说过一句话，叫作"有始有终"吧，本章说的就是这个道理。越是自己觉得艰难的事情，经过自己艰苦努力完成后，越能体会成功的喜悦。

　　做事有始有终，既是规范我们的行为，更是锻炼我们的毅力。很多时候，不是自己的能力不够而放弃，而是因为自己的毅力不够强，导致没有坚持下去。虎头蛇尾的做事方式，是对我们最有害的，经常这样，会使得

我们丧失自信，面对未来忐忑不知所措。

故事一：乐（yuè）羊子妻劝夫

· · ✿ · ·

乐羊子的妻子，在当地很有名声，乐羊子也很尊敬自己的妻子。乐羊子立志要做一个有德行、有学问的人，妻子很支持他，劝他要持之以恒。

一天，乐羊子外出，回来的路上发现了别人丢失的一块金子，他就捡起来装在怀里。回到家后，他把金子交给妻子。

妻子没有伸手去接金子，反而对他说："我虽然读书少，可是也知道品行清廉的人不喝'盗泉'里的水，有志气的人不接受嗟来之食。夫君既然要立志做一个贤德之人，又怎么能捡人家丢失的金子呢？这样的事情哪怕有一次，那么你多年的努力也就白费了。"

乐羊子很惭愧，就把手里的金子又放回了原地。

乐羊子后来外出求学，学业没有完成，他就跑回来了。妻子正在织布，就问他怎么回来了。乐羊子说，他想家了。

妻子站起身，拿起剪刀走到织布机旁站住了，对乐羊子说："我织布，一根丝一根丝地开始织，不断累积才能织成一寸布，一寸一寸地积累才有一丈，一丈一丈地积累才能成匹。现在，我如果从中剪断，那以前所有的努力就白费了。你学习也是一样啊，怎么能半途而废呢？"

乐羊子深感妻子说得对，水都没喝一口，就又回去求学了，连续七年没有回家，终于学有所成。

第 16 章 持之以恒

故事二：杨布打狗

杨朱有一个弟弟，叫杨布。

一天，杨布穿着一身白色的衣服出门了，回家的时候天下起了雨。杨布怕把自己白色的衣服弄脏了，就换上了一身黑色的衣服。

回到家里，他自己家里的狗却已经不认识他了，朝着他狂叫不止。杨布很生气，抬起手就要打自家的狗。

这时，杨朱从屋里出来看到了。他对弟弟说："你不要打它了。你出门的时候是一身白色衣服，现在换上了一身黑色衣服，它哪里还能认识你呢？换作是你，也会这样啊。如果我们家的阿黄出去了一圈，回来就变换了颜色，你还能认出它来吗？"

一个人，不能坚持守正，太过善变，人们对他就会有不好的看法。

思考时间

1.乐羊子的妻子反对乐羊子捡别人丢掉的金子，反对他中止学业回家，都是在劝诫乐羊子，做事要坚持怎样的态度呢？

2.杨布回家，家里的狗不认识他了，对我们做人有什么借鉴呢？

3.荀子在他的《劝学》中说："蚓无爪牙之利，筋骨之强，上食埃土，下饮黄泉，用心一也。"想一想，荀子的话和本章内容是不是同一个道理呢？

第17章　效法先王

第一节　仁言不如仁声，善政不如善教

原文

孟子曰："仁言不如仁声之入人深也[1]，善政不如善教之得民也。善政，民畏之；善教，民爱之。善政得民财，善教得民心。"

——《孟子·尽心章句上·第十四节》

词语注释

①仁声：焦循《孟子正义》注："仁声，乐声雅颂也。"此处可理解为音乐。

章句理解

孟子说："仁德的言语不如仁德的音乐更深入人心，良好的法令不如良好的教化更得民心。良好的法令，百姓惧怕它；良好的教化，百姓忠爱它。良好的法令可以得到百姓的财富，良好的教化却可以得到百姓的心。"

国学启示

孟子的仁政，是以"保民"为出发点和目的。这与孔子的仁是相同的。怎样才能保民呢？那就要老有所养，幼有所教，贫有所依，难有所助。同

时，孔孟倡导人的觉醒与自新，即在物质生活得到保障后，人要有道德，不断自我激励，达到更高一层的道德社会。

仁言不如仁声，善政不如善教，孟子并非不要法律，而是更重视教化的作用。法律是对人最低的要求，道德是对人最高的要求。在君主治国时代，要想教化起作用，就要求君主要以身作则，这在当时是有现实意义的。孟子在第5章中说："一正君而国定矣。"也是这个意思。

第二节　不以规矩，不成方圆

原文

孟子曰："离娄之明①，公输子之巧②，不以规矩③，不能成方圆。"

——《孟子·离娄章句上·第一节》

词语注释

①离娄（lí lóu）：相传黄帝时期视力超群的人。

②公输子：公输氏，名般（另作班），鲁国人，又称鲁班。

③规矩：规，画圆的工具，相当于圆规；矩，画方的工具，相当于曲尺。

章句理解

孟子说："纵然是离娄这样的视力，公输班这样的技巧，不用圆规和曲尺，也不能精确地画出圆形和方形来。"

国学启示

事情都有自己的规律，做事情要遵循它的规律才可以达到目标。否则，闭门造车，出门不合辙，费再多的精力，也是无用的。国君治理国家，当以先王的仁道为规矩。

第三节　徒善不足以为政，徒法不能以自行

原文

孟子曰："今有仁心仁闻而民不被其泽、不可法于后世者①，不行先王之道也。故曰：徒善不足以为政②，徒法不能以自行。"

——《孟子·离娄章句上·第一节》

词语注释

①闻：声誉。被：覆盖、遍及之意。法：效法。

②徒：徒，但也。此处译为只有、仅有。

章句理解

孟子说："而今有的诸侯，虽有仁爱的心肠与仁爱的声誉，但百姓却没有感受到他的恩泽，并且他治理社会的方式也不为后世所效法，这就是他不遵循先代圣王仁道的缘故啊。所以说：仅有好的动机不能治理社会；仅有好的法度，法度也不能自己去通行社会（需要将好的动机与好的法度结合起来）。"

国学启示

只有好的想法而没有好的执行力，是行不通的，这叫眼高手低、好高骛远。有了实施自己想法的手段，可是自己的意念却是错误的，那么手段越高明，破坏力越强。所以，学习的过程包含修身养性和知识、历事两个部分。

本节同时暗含效法先王是为了实行仁政。实行仁政，离开了仁心，

就是"缘木求鱼"，是不行的；离开了"贤者在位，能者在职"，也是行不通的。

故事一：魏文侯任用西门豹

战国时期，魏国国君魏文侯派西门豹去治理邺（yè）城这个地方。

西门豹到了邺城，一年的时间，就使当地的百姓富裕起来。可是很多人向魏文侯说西门豹的坏话。原来，西门豹清廉正直，没有讨好魏文侯的近侍们。所以，这些近侍就对魏文侯说他的坏话。

过了一年，西门豹去向魏文侯汇报工作。

魏文侯很不高兴，就问他："我听说，你治理邺城一塌糊涂，官府仓库没有存粮，钱库没有余钱，兵库也没有多少武器。是这样的吗？"

西门豹说："是的。"

魏文侯生气了，就说："这个邺城的官，你别做了，官印交上来吧。"

西门豹说："希望大王能让我再干一年，如果干不好，您再处罚我。"

魏文侯看西门豹很坚决的样子，就答应了他。

后来，魏文侯去邺城视察。

西门豹说："称王的人会让百姓富足，称霸的人会使军队强盛，亡国的人会把国库充盈。现在邺城官仓里没有那么多存粮，钱库没有积攒那么多钱，兵库里没有那么多武器，是因为粮食、钱财和武器都在百姓的手里啊。您如果不信，请大王上楼。"

魏文侯也想看看西门豹葫芦里卖的是什么药，就跟着西门豹上了楼台。

到了楼台上后，西门豹命人击鼓。一通鼓后，邺城百姓穿戴整齐，拿着武器，集合到了楼下；二通鼓后，又有一批百姓赶着车，上面装着粮草，也来到了楼下。

魏文侯的眼睛一亮，心里很惊叹西门豹治理地方的才能，终于放心地把邺城交给了西门豹治理。

西门豹却说："我是向您辞职的。以前我为了您治理邺城，得罪了您的近侍，您怪罪我。可是现在，我治理的再好，也是为你的近侍治理的。所以，我请求辞职。"

魏文侯说："以前是我荒谬了，今天我才算是见到了真正的治理才能啊。这才是'善政不如善教'呀！"魏文侯明白了，西门豹治理下的邺城，官仓、钱库和兵库虽然没有丰盈，可是却赢得了民心。西门豹对百姓良好的教化，是其他任何政令治理都比不了的。

最终，西门豹继续留下来治理邺城。

故事二：厨子自辩

一次，晋文公吃饭的时候，突然发现端上来的烤肉上竟然缠绕着头发。他既恶心，又生气，吩咐把厨师找来。

厨师一上来，晋文公就大声责问："你是想害死我吗？烤肉上竟然有头发！"

厨师当场就吓蒙了。烤肉前，先要把肉切成小块，然后再上火烤熟。这怎么会有头发呢？即便刀没有切断它，那也会被火给烧没了呀。厨师一想就明白了，这肯定是被人做了手脚。这个做手脚的人想害自己，那他一定与自己有仇或嫉恨自己。

厨师没有急于为自己辩解，如果不能让晋文公从情理上明白，烤肉上的头发不可能是自己的疏忽，而是别有用心的人故意所为，那么自己辩解是没有用的。

厨师想到这里，在晋文公面前磕头谢罪，说："大王，我认罪，并且我有三条死罪：第一条死罪，我切肉的刀子已经磨得锋利，就像传说中的宝剑利那样锋利，如此锋利的刀子却没有切断一根头发；第二条死罪，我用铁钎子穿肉的时候，都是一块一块亲手穿的，我竟然没有发现这么长的头发；第三条死罪，我用来烤肉的炭火，烧得通红炽热，肉都能烤熟，如此烈火却不能烧掉一根头发。"

厨师看了一眼恍然大悟的晋文公，接着说道："照顾您饮食的人当中，必定有嫉恨我的人，这根头发应该就是他放的。"

这个厨师运用人人都能明白的简单逻辑，为自己洗刷了嫌疑。

晋文公听完，拍了一下桌子，说："你说的对。"然后，他招来伺候饮食的人，果然头发是那个人故意放上的。于是，晋文公就重重地处罚了他。

思考时间

1.西门豹治理邺城，官府财库没多余的钱，粮库没多余的粮，兵库没多少兵器。邺城却是百姓富足，武备充分。这说明了一个怎么样的道理呢？

2.晋文公看到自己吃的烤肉上有头发，非常生气。厨师用了什么方法为自己辩护的呢？

第18章 求则得之，舍则失之

孟子曰："求则得之，舍则失之，是求有益于得也，求在我者也[①]。求之有道，得之有命，是求无益于得也，求在外者也。"

——《孟子·尽心章句上·第三节》

词语注释

①求在我者也：焦循《孟子正义》注："谓修仁行义，我求则得，我舍则失，故求有益于得也。"就是说，一个人有没有仁义，就在于他想不想求取。因为决心求取，就会得到。

章句理解

孟子说："努力求取就会得到，轻易舍弃就会失去，这样的求取是对获得有帮助的，因为求取的东西在我自身。努力去求取了，得到与否却只能听天由命，这样的求取是对获得没有帮助的，因为求取的东西本就在我身外。"

国学启示

"求"是态度，"得"是结果。我们只能决定我们自己的态度，但无法完全决定结果是否是我们想要的。努力了就可以得到，得到了却不努力去做，这是不可取的。可是明明知道结果是不受自己控制的，却一定要求取这个结果，也是不明智的。

第18章 求则得之，舍则失之

同时，又要防止"言必信，行必果"，自己的求取要符合仁义。《韩诗外传》说："非其道而行之，虽劳不至；非其有而求之，虽强不得。"说的就是这个道理。

季孙氏弃仁，鲁哀公取利

有一次，鲁国贵族南宫敬叔对颜涿聚说："鲁国的季孙氏召集了孔子的门徒，既然他和圣人的门徒在一起，那说明他要实行仁政啊，怎么他还没得善终呢？"

颜涿聚回答说："您只是看到了季孙氏的一面啊。当年，周成王处理政事劳累了，会招来优伶演奏歌舞，放松放松。可是一旦要决定政务的时候，他便要和君子一起决定，因此他能够拥有天下。而季孙氏呢，虽然也有孔子门人，可是他却只把他们当作摆设，处理政务的时候却和优伶侏儒们（此指搞杂耍的人）一起作决定，他不得善终有什么奇怪的呢？所以说，不在于和什么人相处，而在于和什么人决定大事啊。"（不在所与居，在所与谋）

仁德的人就在身边，稍微努力就能得仁义，季孙氏却放弃了。不求仁德，哪怕仁德的人就在旁边也不会用。

有一次，鲁国国君鲁哀公问孔子的学生有若："一旦遇到灾年，闹起了饥荒，国家的收入不够用了，怎么办呢？"

有若回答说："那就实行十税一的税率吧。"十税一，就是政府收取百姓收入的十分之一作为赋税。

鲁哀公不乐意了，说："十税二，我还嫌少呢，怎么还能再减少呢？"

有若说："百姓富足了，国君怎么会不够用呢？百姓一贫如洗，国君又怎么能富足呢？"

民富而国富，才是有前途的；国富而民穷，则早晚是祸患。鲁哀公稍微思虑即可明白，可是他只看得见眼前的财富，轻易放弃了仁爱这个长远的财富。

思考时间

1.举个例子说明你对"求之有道，得之有命"这句话的理解。

2.季孙氏身边就有贤人却不用，鲁哀公举手之劳即可改善百姓生活却不做，用本章原文的话说，这叫作什么呢？

第19章 仁者爱人，有礼者敬人

原文

孟子曰："君子所以异于人者①，以其存心也②。君子以仁存心，以礼存心。仁者爱人，有礼者敬人。爱人者，人恒爱之；敬人者，人恒敬之。"

——《孟子·离娄章句下·第二十八节》

词语注释

①所以：表示因果关系。用在上半句，点明结果，后半句陈述原因。

②存：在。本章"存"字都是这个意思。

章句理解

孟子说："君子之所以不同于普通人，就在于他的心地。君子以仁义

在心，以礼仪在心。以仁义在心的人就会爱别人，以礼仪在心的人就会恭敬别人。爱别人的人，别人会常常爱他；恭敬别人的人，别人会常常恭敬他。"

国学启示

一只手掌用力去拍打自己的另一只手掌，感觉到疼痛的是哪一只呢？对呀，两只都会感觉到疼痛。人与人的交往也是如此。人希望自己被尊重，而不是被侮辱；希望被人关爱，而不是被憎恨。

可怎样才能赢得别人的尊重、友好呢？那首先就要去尊重别人，以礼待人。《大学》里说："言悖而出者，亦悖而入。"你用什么态度对待别人，往往就会赢得别人待你的对等态度。

～趣味故事～

不当之爱，反为其害

如果心里没有是非观念，就很难会真正地爱一个人。曾经有个人明明想对别人好，却把别人给害死了。这是怎么回事呢？

春秋战国的时候，南方的楚国和北方的晋国经常发生战争。一次，楚国国君楚共王和晋国国君晋厉公，各自带领军队进行了一场著名的战斗，被称为鄢（yān）陵大战。在这场战斗中，楚国军队战败了，楚共王还伤了一只眼睛，他非常恼火。

战斗正在进行的时候，楚国的司马子反口渴了，他的手下谷阳就把一罐子酒递给他。子反喝了一口，说："这不是水呀，我要喝水。"

军法规定，战斗中是不能喝酒的，喝酒容易误事。可是谷阳知道子反

喜爱喝酒，他见子反战斗辛苦，就想给他酒喝。谷阳对子反说："这不是酒，就是水。"子反就咕咚咕咚把酒喝了下去。

古时候，酒的度数很低，所以经常说酒水。而且，喝酒的确可以解渴，但喝多了也是会醉的。战斗结束后，楚共王召集将领开会，研究下一步的战斗策略。子反因为醉了，就谎称生病，没有去参加。

楚共王去看望子反，他一进子反的军帐，就闻到了子反身上浓浓的酒气。当时就火了，战斗这样激烈，我身为国君都英勇受伤了，你作为司马却喝酒休闲，可恶！

楚共王回到自己的军帐，就下令说："今天战斗失利，我也受伤了，本想依靠司马子反来打个反击战。想不到，他竟敢只顾自己痛快，喝酒误事。这场战斗我们打不下去了，撤退吧。"

撤离战场后，楚共王就吩咐人把子反杀死了。谷阳是忠心爱护子反的，可是因为他心里没有是非观念，白白害死了子反。

思考时间

1.结合本章内容想一想，君子与普通人的区别在哪里呢？

2.谷阳并不是想害子反，可是子反却因为他被杀了。这说明了一个什么道理呢？

第19章　仁者爱人，有礼者敬人

第20章　虽千万人，吾往矣

第一节　大丈夫

原文

富贵不能淫①，贫贱不能移②，威武不能屈③，此之谓大丈夫。

——《孟子·滕文公章句下·第二节》

词语注释

①淫：心智惑乱。

②移：气节改变。

③屈：意志受挫。

章句理解

（孟子说）富贵不能惑乱其心智，贫贱不能改变其气节，威武不能挫败其意志，这就是大丈夫了。

国学启示

人的心智、气节、意志，是需要珍惜的，不能动辄就使它退缩。比如，一只碗，如果今天边上破了一个缺口，明天又裂了一道缝儿，那这只碗很快就不能用了。人的德行也是这样，不好好保护它，今天是非观

念退让一些，明天志气节操含糊一些，后天心理意志动摇一些，时日一久，做人尚难，何况堂堂正正呢？

第二节 舍我其谁

原文

五百年必有王者兴，其间必有名世者①。由周而来，七百有余岁矣。以其数，则过矣；以其时考之，则可矣。夫天未欲平治天下也②；如欲平治天下，当今之世，舍我其谁也？

——《孟子·公孙丑章句下·第十三节》

词语注释

①名世：应该为命世，即闻名于当世，多用以指有治国才能的人。焦循《孟子正义》说，命世即明世，谓前圣既没，后圣未起之间，有能通经辨物，以表彰圣人之道，使世不惑者也。此处名世者，当是圣王的辅臣。

②夫：语气助词，用于句首，有提示作用。

章句理解

（孟子说）每五百年必有圣王兴起，（圣王兴起）也必有命世辅臣出现。自有周一代以来，已经七百多年了。论年头，已经超过五百年了。论当今的社会形势，也正是需要圣王贤臣出现的时候了。（不过是）上天还不想天下大治罢了；如果想天下大治，当今的世界，除了我还会有谁（当此重任）呢？

国学启示

孟子对自己的直接评价不是很多，本节孟子对自己的评价，足可见孟子的傲骨与担当。当需要我逆风飞翔的时候，就决不轻易顺风而去！当时

第20章　虽千万人，吾往矣

机来临，需要我担负重担的时候，就要勇敢站起来；时机不成熟的时候，要积累力量，为站起来的那一刻做准备。

孟子舍我其谁的气概，实际上暗合"命"与"道"。命，可以理解为社会发展的大趋势；道，是顺应着这个趋势去行事，即尽人事，还需听天命。

第三节　天降大任

原文

天将降大任于是人也，必先苦其心志，劳其筋骨，饿其体肤，空乏其身①，行拂乱其所为，所以动心忍性②，曾益其所不能③。

——《孟子·告子章句下·第十五节》

词语注释

①空：既贫（身无财物）又穷（心无方向）；乏：绝（朱熹《四书章句集注》）。

②动心忍性：困境触动其心智，磨炼坚定其性情。

③曾（zēng）：同增。

章句理解

（孟子说）如果上天要把重大责任降临到一个人身上，一定会先使他内心苦恼，筋骨劳乏，肠胃挨饿，身体穷困，行事处处不如意，这样触动他的心智，磨炼坚定他的性情，才能增加他所不具备的能力。

国学启示

有句话说，人生不如意十之八九。当遇到困难或做事不尽如人意，一时间又没有解决的方法的时候，怎么办呢？哀怜自己的不幸，或者痛苦于

困难的折磨，都是不解决问题的。正确的态度是，静下心来，面对困难，抗住压力，一点一点地向前。就像我们小时候学走路，摔倒再爬起来，继续走下去。既然困难不可避免，那就把它当作是对自己的磨炼。

脆弱的心理不能历经风雨，柔弱的肩膀不能肩负重担。不经历风雨，无法体味成功的喜悦；不肩负重担，无法回味人生的波澜。

第四节　浩然大勇

原文

孟子曰：“昔者曾子谓子襄曰①：‘子好勇乎？吾尝闻大勇于夫子矣②：自反而不缩③，虽褐宽博④，吾不惴焉⑤；自反而缩，虽千万人，吾往矣。’”

——《孟子·公孙丑章句上·第二节》

齐宣王曰：“寡人有疾，寡人好勇。”

孟子对曰：“王请无好小勇。夫抚剑疾视曰：‘彼恶敢当我哉！’此匹夫之勇，敌一人者也。王请大之！”

“文王一怒而安天下之民。”

“一人衡行于天下，武王耻之。此武王之勇也。而武王亦一怒而安天下之民。今王亦一怒而安天下之民，民惟恐王之不好勇也。”

——《孟子·梁惠王章句下·第三节》

词语注释

①子襄：曾子的弟子。赵岐《孟子注疏》：“曾子弟子也。”

②夫子：孔子。

③缩：直。

④褐（hè）宽博：褐，古代所谓地位低贱的人穿的衣服。褐宽博，此处

译为地位低下的人。

⑤惴（zhuì）：杨伯峻《孟子译注》："动词使动用法，使他惊惧之意。"

章句理解

孟子说："从前，曾子曾经对子襄说：'你喜欢勇吗？我曾经在我的老师孔子那里听说过关于大勇的道理：反躬自问，正义不在我，对方地位再低下，我也不会去恫吓他；反躬自问，正义在我，对方即便是千军万马，我也勇往直前毫不畏惧。'"

宣王说："我有个毛病，就是逞强好勇。"

孟子说："那就请大王不要喜爱小勇。有一种人，动辄就手握着剑柄瞪着眼睛说：'他怎么敢抵挡我？'这只是匹夫之勇，只能抵挡个把人。希望大王能把这种勇气扩大开去。"

"昔日，周文王一生气便使天下百姓都得到安定。"

"商纣王横行霸道，武王便认为这是自己的耻辱（便要推翻他）。这是武王的勇。武王也是一生气便使天下百姓都得到安定。如今大王也能做到一生气便使天下百姓都得到安定，那么，天下百姓就反倒生怕大王不喜好勇敢呢。"

国学启示

勇，有来自性格中天然的无所畏惧的盛气，如子夏；有来自经过审断义理曲直后的坚定，如曾子。本节所说的勇是后者。

同时，大勇、小勇的区别在于其道德基础，大勇是为他人谋取利益，小勇则只为自己谋取，或者不忍一时之愤。苏轼《留侯论》中说："卒然临之而不惊，无故加之而不怒。"即因为胸有大义，理智、坚韧，从而无所畏惧，这是大勇。

故事一： 文子拜见曾参

卫国有一个将军，他叫文子。一天，他去求教曾子。文子觉得自己是大将军，曾子肯定会出来迎接自己。谁知，曾子虽然接见了他，但并没有起身迎接他，而是坐在主座上等着他。

文子觉得曾子很没有礼貌，出门后，气呼呼地对自己的车夫说："谁说曾子是君子呢，我看他就是个愚蠢的人。如果他认为我是个君子，那他就应该尊敬我；如果他认为我是个残暴的人，那他就更不应该侮辱我。曾子这个人能够安安稳稳地活到现在，真是他的运气！"

其实这正是曾子的"富贵不能淫，威武不能屈"，文子求教于他，他就遵循当时的礼节来对待，并不因为文子身份高贵或很有势力而改变。而文子却没有意识到这一点，他认为自己有权有势，就应该得到高人一等的待遇。

再说，曾子毕竟还接待了文子。要是换作孟子，孟子甚至都不会接待他。孟子有一个原则，"挟贵而问"不答，就是说你依仗权势前来求教，我都懒得搭理你。当年滕国国君的弟弟滕更，就在孟子那里触了霉头（《孟子·尽心章句上·第四十三节》）。

七百多年以后，东晋时期，有一个大将军叫桓温。一次，他去拜见一个和尚，和尚不顺从他。

桓温就对和尚说："你没见过杀人的将军吗？"

和尚回答他说："你没见过不怕死的和尚吗？"

富贵不能淫，威武不能屈，真是大丈夫！

第20章 虽千万人，吾往矣

故事二：蔺相如与渑（miǎn）池会

战国时期，赵国蔺（lìn）相如因为为赵国护住了和氏璧，被封为上大夫。

因为力量和时机都不成熟，秦国一时间还不敢对赵国全面开战，可并不等于不敢敲打赵国。其后不久，秦国占领了赵国的石城，又攻杀赵国两万多兵士。

秦王又派使者前往赵国。

使者到了赵国，和颜悦色地表达了一个主旋律："秦国是个爱好和平的国家，我们秦王想跟赵王会面于渑池，化干戈为玉帛。"

狮子跟羚羊谈和平，赵王听得身躯一震，这不科学啊。忙又召集大臣商议。去，还是不去，这是个问题。去了，怕回不来；不去，怕丢人。

蔺相如劝说赵王："当去。不去就是示弱，示弱就是先败于人。况且，秦国目前无非是显摆一下威风罢了，绝不敢对大王不利。"

廉颇也说："大王只管去，我带兵在后面为大王助威。"

赵王一咬牙，去。

渑池会议上，秦王看着赵王，眼睛仿佛幻化出一只肥美的羊羔。秦王咽了咽口水，一副戏弄的口吻说道："我听说赵王爱好鼓瑟，那就请赵王弹奏一曲吧，为大家伙助助兴！史官，要记录下来。"

赵王无奈，鼓奏了一曲。

弹奏完毕，秦王刚想叫好，蔺相如端着一个盆子，啊不，是像个小盆一样的乐器，叫作缶（fǒu），来到了秦王面前。

蔺相如和蔼地看着秦王，说："我听说秦王击缶技术高超啊，请秦王为赵王击缶一曲。大家娱乐娱乐嘛。"

秦王刚才还洋溢的笑脸，一下就拉长了，怒了："我堂堂秦王，岂能做下人的事情。你哪来的滚哪里去。"

蔺相如乐了，语气更加平和地说："我距离堂堂秦王不过五步，我如果和您拼命，这个距离刚好。"

秦王的侍卫不干了，咄，竟然威胁我们大王，纷纷握刀，跃跃欲试。

蔺相如怒目而斥："滚！"

秦王的侍卫们恐惧了，这家伙真不要命啊。

秦王也恐惧了，这家伙真的不要命啊。秦王不情不愿地给赵王击缶一曲。

蔺相如回头吩咐："史官记下来啊，这可是秦王为我们赵王击缶祝乐之曲。"

渑池之会上，秦王本想依靠强大实力戏弄赵王，却不想烧香引出了鬼，像是吃了个苍蝇般恶心。

蔺相如面对秦强赵弱的实际情况，敢于挺身而出，不畏惧秦王。他为了维护赵国利益，宁肯将自己置于险地。蔺相如凭借对局势的判断与自身的浩然之气，威慑了秦国上下，为赵国取得了一次外交上的胜利。

思考时间

1. 舍我其谁，表现了孟子怎样的志向呢？

2. 文子说曾子能活到现在是他的运气，真是这样的吗？

3. 蔺相如不惧强悍的秦国逼迫秦王，这表现了蔺相如一种怎样的气概？

第20章　虽千万人，吾往矣

第21章　有所为，有所不为

第一节　无为其所不为，无欲其所不欲

原文

孟子曰："无为其所不为，无欲其所不欲[①]，如此而已矣。"

——《孟子·尽心章句上·第十七节》

词语注释

①无为其所不为，无欲其所不欲：不做我所不做之事，不要我所不要之物。焦循《孟子正义》认为，上面两句句意为"无使人为己所不为者，无使人欲己之所不欲者"，那这两句就应与孔子的"己所不欲，勿施于人"相同。本书第18章"求则得之，舍则失之"中，孟子对"为与不为"的态度，与本章字面意思相近。另，《韩诗外传》所说"智者不为非其事，廉者不求非其有"，也是"己"不为，"己"不求。故取直译。

章句理解

孟子说："不做我所不做之事，不要我所不要之物，这样就可以了。"

国学启示

在一个小铁珠旁边放一块磁铁，小铁珠就会被吸引过去。人也会像那

个被磁铁吸引的小铁珠，常常被身边各种诱惑引诱，走了弯路。所不同的是，人是有自我意愿的，自己能够决定不被诱惑。

如何才能不被诱惑走弯路呢？那就是要守住自己的"是非之心"，不被迷惑了心智，提升自己明辨是非的能力。知道哪些事可以做，哪些事不可以做。然后坚定意志，坚持不该做的不做，不该要的不要，就不会走弯路了。

第二节　人有不为，而后可以有为

原文

孟子曰："人有不为也①，而后可以有为。"

——《孟子·离娄章句下·第八节》

齐宣王问曰："齐桓、晋文之事可得闻乎②？"

孟子对曰："仲尼之徒无道桓、文之事者，是以后世无传焉。臣未之闻也。无以③，则王乎？"

曰："德何如，则可以王矣？"

曰："保民而王④，莫之能御也。"

——《孟子·梁惠王章句上·第七节》

词语注释

①不为：不是待着什么事也不干，而是自己知道哪些事情不能干。"不为"实际上是已经做出了选择，也就是已经在"为"了。

②齐桓、晋文：齐桓公和晋文公，两人都是春秋霸主之一。

③以：同"已"。无以，即为不得已。

④保：安。

第21章　有所为，有所不为

93

章句理解

孟子说："人要有所不为，才能有所为。"

齐宣王问孟子："齐桓公、晋文公昔日称霸的事迹，您可以讲给我听听吗？"

孟子回答说："孔子的学生们不曾谈论齐桓公、晋文公称霸之事迹，所以没有传到后代来，我也没有听说过。大王如果一定要我说，那我就说说用道德来统一天下的王道吧。"

齐宣王问："什么样的道德才可以一统天下呢？"

孟子说："一切为了让百姓安居乐业，这样去统一天下，就没有谁能够阻挡了。"

国学启示

人可以不行善，但不能作恶；可以不勇敢，但不能龌龊；可以不伸张正义，但不能丧失是非观念；可以不探求真相，但不能散播谎话。有所不为，需要志向与坚守；有所为，需要智慧与权衡。有所不为，才能意志坚定，集中精力有所为。

齐宣王一门心思钻营霸道，也就没有心思来考虑王道了，更别说实行王道了。齐宣王对孟子待遇还不错，可是孟子知道，这不是齐宣王的真情实意，因为他的所为与所不为，正与自己所主张的相反。于是，便离开了齐国。

～～～趣味故事～～～

故事一：作之不止，乃成君子

·· ❀ ··

战国时期，齐国有个人叫鲁仲连。他是一个非常传奇的人物，口才极

好，见识明白，行动力强。总之就是，既能说大话，又能做大事。

有一次，魏国国君魏安王与子顺讨论，天下谁才是真正的高士。子顺是孔子的六世孙，见识不凡。当时子顺在魏国做相国。

子顺说："纯粹的高士，世上应该还没有这样的人。可要是标准稍微降低一点，那么鲁仲连这个人就算一个了。"

魏安王说："鲁仲连的作为不是本性自然使然，那是他强求的结果。"

子顺说："哪有完全顺着自己的性子做事，就能成为德行高明的人的呢？人都是强迫自己做一些事情的。假如强迫自己不停地做好事，那他就是君子了（作之不止，乃成君子）。况且，始终如一地做下去，他的行为和本性也会逐渐融合，这不就是出于本性了吗？"

鲁仲连为何能得到子顺这么高的评价呢？下面来看鲁仲连的一个小故事就可以知道。

当时，齐国被燕国打败了，燕国几乎占据了整个齐国。后来，齐国的相国田单率军反抗，可是在收复聊城的时候，田单攻击了一年也没有能够夺回来。田单就求助于鲁仲连。

鲁仲连只写了一封信，齐国就把聊城夺了回来。鲁仲连是怎么做到的呢？他了解到燕国占领聊城的将领叫乐英，他现在形势不妙，燕国国君猜忌他，他不敢回燕国；可是他在齐国聊城，又受到越来越多的齐国军队的攻击；他焦头烂额，前途困穷。

鲁仲连写完信，就用箭射到聊城城头。乐英收到信，打开一看，信上说："现在您是不敢回燕国了，可是聊城您是守不住的，齐国军队越来越多。我替您打算，无非有两条路，一是投降齐国，二是回燕国被杀。"

乐英看完信后，悲痛不已，燕国不敢回去，可是他在齐国又杀人太多，投降也怕没有好结果。于是，他长叹一声，说："与其死于别人之手，还不如我自杀。"说完就自杀了。

主将死了，燕国的军队就乱了，田单趁机收复了聊城。

田单跟齐王说了鲁仲连的功劳，齐王要让鲁仲连做大官。可是鲁仲连一口气跑到海边去了，他说："为了富贵要我去侍奉人，我宁可甘受贫贱而自由地活着。"

鲁仲连明白自己想要什么，明白自己能做什么，为了自己的志向，他宁肯放弃做官。子顺说他"作之不止，乃成君子"，还真是这样呀。

故事二：欲速不达

清朝初期，有一个人叫周容，他带着一个书童，书童后背上背着用夹板捆好的书籍。他们两人从河岸的一个小码头上岸，打算向蛟川县城赶路。这时候，太阳已经快要落山了，潮湿的雾气像薄薄的云雾挂在树梢，周容望着远处的蛟川县城，已经隐约可见了，大约也就二里路的行程了。

那个年代，太阳一落山，城门就要关闭了。所以，周容有些着急。他就问码头上摆渡的船工："我要去蛟川县城南门，现在赶路，能在城门关闭以前赶到吗？"

摆渡船工仔细打量了一下周容的书童，说："如果不急不躁地赶路，还能来得及在城门关闭前赶到。如果慌里慌张着急赶路，那么就赶不到了。"

周容听了有些恼怒，觉得这个摆渡船工是在消遣自己。于是，两人撇下船工，慌忙向城门方向赶去。

刚走到半路，小书童摔了一跤，捆书的夹板断了，绳子也折了，书散落一地。两个人手忙脚乱地把书收拾起来，继续赶路。等他们快到达城下的时候，远远看见城门已经关闭了。

周容有些气馁、怅然。这时，他突然想起了摆渡船工给他说过的话，他明白了一个道理：急躁鲁莽，急于求成，反而容易坏事，落得像自己这

样，太阳都落山了，却还没有去处。

这是清代文人周容的亲身经历，他把这段经历记作《小港渡者》。

思考时间

1.鲁仲连用什么方法帮助了田单呢？齐王要封鲁仲连官职，他为何跑了呢？

2.船工为什么说，慢走能赶到，快走反而赶不到了呢？

第 22 章　鱼与熊掌，不可得兼

原文

孟子曰："鱼，我所欲也；熊掌，亦我所欲也。二者不可得兼，舍鱼而取熊掌者也[①]。生，亦我所欲也；义，亦我所欲也。二者不可得兼，舍生而取义者也[②]。"

——《孟子·告子章句上·第十节》

公都子问曰："钧是人也[③]，或为大人，或为小人，何也？"

孟子曰："从其大体为大人，从其小体为小人。"

曰："钧是人也，或从其大体，或从其小体，何也？"

曰："耳目之官不思，而蔽于物，物交物，则引之而已矣。心之官则思，思则得之，不思则不得也。此天之所与我者[④]。先立乎其大者，则其小者弗能夺也。此为大人而已矣。"

——《孟子·告子章句上·第十五节》

词语注释

①鱼、熊掌：鱼与熊掌都是美食，但熊掌更胜一筹。舍弃鱼，取熊掌，这是人求利的天性使然。

②生、义：渴望生命，畏惧死亡，这是人性使然。为了正义，放弃自己的生命，不苟且偷生，这是道德价值取向。

③钧：同"均"，同、都之意。

④我：杨伯峻《孟子译注》，扩充用法，指人类。

章句理解

孟子说："鱼是我所喜爱的，熊掌也是我所喜爱的。当二者不能兼得时，我舍弃鱼而保留熊掌。生命是我所喜爱的，正义也是我所喜爱的。当二者不能兼得时，我舍弃生命而拥抱正义。"

公都子问："同样是人，有的是君子，有的是小人，这是什么缘故呢？"

孟子说："求满足身体重要器官之需的为君子，求满足身体次要器官之欲的为小人。"

公都子说："同样是人，有的追求满足身体重要器官之需，有的追求满足身体次要器官之需，这是什么缘故呢？"

孟子说："耳朵、眼睛这类器官不会思考，因而就会被蒙蔽。（所以，耳目不过一物件罢了。）一接触外物，就被引向歧途。心这个器官则会思考，一思考就悟得人的善性，不思考则不能悟得善性。这是上天赋予人类的。因此，首先要把心这个器官树立起来，那么次要的器官就不能侵夺人的善性了。这样的人就成了君子。"

国学启示

本章两段文字集中论述了什么是本，什么是末，即义与利，体与用。选取利益时，会选择大的；面对未来时，希望平安常乐；这都符合趋利避害的人性，无可指摘。可是生活中的诸多选择，实际上又不是单纯依靠利益大小

做出的，还有情感、道德等因素。如果攫取的利益给自己增加了心理负担，那么这样的利益就慎重选择了；如果攫取的利益违背了自己内心明晓的是非，那么这样的利益就可以放弃了。这样做，才是真正明白了根本与末节。

故事一：假（jiǎ）途灭虢（guó）

春秋战国时期，一次晋国要去攻打虢国。可是，要攻打虢国，就需要经过虞（yú）国。怎么样才能让虞国同意借路呢？

晋国大夫荀息对晋国国君晋献公说："虞国国君虞侯贪婪，我们送给他最好的宝石和最上等的良马，他就一定会借路给我们了。"

晋献公心里有些舍不得宝石良马，就说："哎呀，宝石良马那也是我的珍宝啊。虞国国君接受了我的珍宝，却不借路，又该怎么办呢？"晋献公思虑的也有道理，毕竟让晋国的军队从虞国都城经过，对虞国来说这是很危险的事情呀，是个聪明的君主就不会同意。

荀息说："虞国弱小，如果不借路，它就不敢收礼。收了礼，它就一定会借路。大王您别心疼宝石良马，如果虞国收下我们的礼物，借路给我们。那些宝石，我们可以再搬回来；那些良马，我们可以再牵回来。"晋国果然没安好心，荀息的意思是，顺道把虞国灭了，东西不就又回来了嘛！

晋献公一听，好，那就听你的吧。然后，晋国的使者就带着宝石，牵着良马去了虞国。虞侯借路了没有呢？

借了，而且很干脆！

虞侯一看到那些闪烁的宝石和身姿矫健的良马，眼睛都转不动了，立

第22章　鱼与熊掌，不可得兼

即就答应了。

虞国的大夫是个有见识的人，他一眼看穿了晋国的阴谋，劝说虞侯："大王，鱼与熊掌不可兼得，您可不能贪恋眼前的珍宝，把我们真正的国宝给丢了呀。我们和虢国弱小，相互帮衬着还能多活两年，你现在借路给晋国，晋国把虢国灭了，我们就失去了一个帮手呀。况且，我敢说，晋国早晨灭了虢国，那么晚上就会灭掉我们虞国。"

虞侯正骑着良马，捧着宝石眉飞色舞呢，听不进忠言。

晋国灭掉虢国后，回来的时候，顺便把虞国也灭掉了。虞国灭亡后，荀息带着宝石，牵着良马送还了晋献公。荀息说："宝石还是原来的宝石，就是马长了点年纪。"

虞侯贪小便宜，而把自己一国的风险都抛之脑后，这样的国家被灭亡，又有什么奇怪的呢？

故事二：孟献伯节俭

孟献伯被任命为晋国的上大夫，有一个叫叔向的人前去祝贺。叔向来到孟献伯的府邸，看到孟献伯只有一套马车，马吃的是草料而不是谷子。

叔向就问孟献伯："您难道没有两套车马，您的马不吃谷子吗？"按照当时的礼仪制度，相国出行要有主副两套车马的，驾车的马可以吃谷子。

孟献伯说："我明白你的意思。可是现在，我们晋国不少人都在挨饿，我怎么忍心用谷子去喂马呢？头发花白的老年人，出门都没有车坐，我怎么能占用两辆马车呢？"

叔向大为感慨，他看着孟献伯，眼里满满的崇拜。他说："我此次前来，本是向您祝贺您荣升上大夫的，可是现在，我要祝贺您的节俭呀！"

叔向出门后，告诉苗贲（bēn）皇说："你也应该去祝贺呀。"

苗贲皇说："有什么好祝贺的？晋国的礼法是，上大夫可以拥有两套车马，中大夫拥有两辆车、一套马，下大夫拥有一套车马，这是标明尊卑等级的呀。现在，上大夫破坏礼法，用来成全自己的名声，他这是沽名钓誉。有什么好祝贺的呢？"

面对同样一件事情，孟献伯视百姓民生为熊掌，视官位礼法为鱼。而苗贲皇则相反。

孔子曾说："君子对于天下的事，没有一定之规，怎么符合仁义就怎么做。"孟献伯看到百姓有吃不上饭的，就不忍心用谷子去喂马，这正是一片仁心，也是做官的对百姓应有的态度。可是苗贲皇却不顾这些，他眼里只有等级。当年，秦昭王宁可把受灾的百姓饿死，也要保护秦国的法律，大概苗贲皇就是这个想法吧。

思考时间

1. 虞侯犯了什么错误，导致虞国灭亡了？

2. 孟献伯看到百姓饥饿，就不忍心用粮食喂马，苗贲皇说他是沽名钓誉。他俩各自的标准是什么呢？

第 23 章　左右逢源

原文

孟子曰："君子深造之以道①，欲其自得之也。自得之，则居之安；居之安，则资之深②；资之深，则取之左右逢其原③，故君子欲其自得之也。"

——《孟子·离娄章句下·第十四节》

词语注释

①深造：造，极至；深造，极深。道：方式，方法。

②资：段玉裁《说文解字注》：资者，积也。此处译为积蓄。

③逢：遇。

章句理解

孟子说："君子遵循恰当方式达到高深的学问造诣，这是他自觉要求通达事务的道理。自觉通达事务的道理，才能牢固掌握所学而不动摇；牢固掌握所学不动摇，才能积蓄极深；积蓄极深，才能取之不尽左右逢源，这就是君子自觉要求通达事务的道理啊。"

国学启示

读书学习，所学到的知识融会贯通，而不是单单死记硬背，才算是真的有收获了。

知识融会贯通才能变成我们所有，才能为我们所用。用知识去解决问题，去探求未知的世界，这才是知识的用途。能做到这样，知识才真正变成了我们的见识，形成我们的思维逻辑。见识与思维逻辑，是我们解决问题的源泉，人类正是在用自身有限的知识去解决无限的问题中前进的。

趣味故事

陈轸（zhěn）妙说画蛇添足

陈轸是战国时期齐国人，他善于辩论。一次惠子（庄子的老熟人）跟他说："如果你决心做官，就不要轻视君主身边的人。为什么呢？比如说杨柳吧，它生命力很强，你看它横着栽，倒着栽，甚至折断了栽下去，都能成长。可是，如果一个人栽，十个人拔，那它就活不了了。如果你得罪了君主身边的人，那么就会有很多人鼓动君主，把你赶走。你就危险了。"

陈轸记下了惠子的话，认为他说的很有道理。后来他就把这个道理用上了，挽救了齐国。

楚国强大后，派大将昭阳攻打魏国。昭阳打败了魏国，夺取了魏国八座城池，又挥师进攻齐国。齐国也扛不住了，这时陈轸站出来说："我去劝说昭阳退兵吧。"

昭阳刚打败魏国，士气正盛，怎么会听你的话退兵呢？齐国上下很是怀疑，可是陈轸去见了昭阳，昭阳就退兵了。陈轸是怎么做到的呢？

陈轸见到昭阳，问了一句话，讲了一个故事，昭阳就乖乖地退兵了。

陈轸先对昭阳说："恭喜啊，将军为楚国立下了这么大的功劳。"接着话锋一转，问道："不过，我很疑惑，将军战败魏国，夺取了城池，为楚国开疆扩土。按照楚国的制度，将军会得到什么封赏呢？"

昭阳说："官职可以至上柱国，爵位可以为上执。"

陈轸又问："那么如果再战败齐国，夺取了齐国的城池呢？"

昭阳说："那就是令尹了。"令尹就是相国。

陈轸又问："楚国现在已经有令尹了，楚王会为了你，再设立一个令尹吗？"

昭阳似乎明白了陈轸的话，犹豫着没有回答。

陈轸说："我来给你讲个故事吧。楚国有个贵族，祭祀完毕后，就把一壶酒赏给了门客。可是门客很多人呀，一壶酒怎么够分呢？于是门客们决定画蛇争酒，谁先画完，谁就喝酒。有一个门客很快就画完了，他左手抓起酒壶，看看别人还没画完，就又开始为自己的蛇画足。结果还没画完呢，另一个门客已经画完蛇了。他一把夺过酒壶，说：'蛇本无足，你干嘛非要

给它画上足呢？这不是多此一举吗？'说完，把酒喝了。而先画完蛇的那个人，却没能喝到酒。"

陈轸看了看昭阳的脸色，接着说："将军你现在攻破魏国，夺城八座，已经威震诸侯。楚王已经没有更高的官位赏赐你了，而嫉恨于你的人，必然会趁机在楚王面前说你的坏话。你现在却还不知道适可而止，这不就像那个给蛇画足的人吗？您再继续攻击齐国，您必将连现在的官位都丢失。难道将军要为自己招惹灾祸吗？"

昭阳听完，就撤兵回楚国了。

陈轸把惠子的话稍做修饰再说给昭阳，竟然达到了不可思议的结果。可见处处留心皆学问，勤于思考才能有悟有得，有悟有得才能世务通达。

思考时间

1.孟子认为学习要通过恰当的方式达到高深的学问造诣，那么这样做的目的是什么呢？

2.陈轸给昭阳讲了一个什么故事？他想通过这个故事说明自己的什么观点呢？

第24章　对人恭敬，自行节俭

原文

孟子曰："恭者不侮人①，俭者不夺人。侮夺人之君，惟恐不顺焉，恶得为恭俭②？恭俭岂可以声音笑貌为哉？"

——《孟子·离娄章句上·第十六节》

①侮：侮慢，对人轻忽，态度傲慢，乃至冒犯无礼。

②恶（wū）：疑问副词，何也之意。

章句理解

　　孟子说："对人恭敬的人自不会去侮慢别人，自行节俭的人自不会去抢夺别人。侮慢别人尊严、抢夺别人财物的君主，只恐怕别人不顺从他，还怎么做得到对人恭敬、自己节俭呢？恭敬和节俭的品德，哪里是靠着好听的声音和谄媚的笑容就可以做出来的？"

国学启示

　　与人交往，别人就是你的镜子。别人怎么对待你，实际上你往往就是怎么对待别人的。赢得别人尊重的人，他一定是一个懂得尊严的人；赢得别人跟随的人，他一定是一个不贪恋别人财物的人。所以，懂得尊严，就不会侮辱别人；自行节俭，就不会抢夺别人。

　　本章内容也暗合孔子的仁道和忠、恕之道。仁，即国君要敬事而信，节用而爱人，使民以时。忠，即己欲立而立人，己欲达而达人。恕，即己所不欲，勿施于人。

趣味故事

故事一：楚灵王失礼丧身

　　楚灵王在位时，正是楚国最为强大的时期，楚国与北方的晋国，两大诸侯国平分霸权。楚灵王登上王位的第三年，邀请各个诸侯国在楚国申地

会晤。可是，晋国，鲁国和卫国没有来。为此，楚灵王大为生气。

楚国的大臣告诉楚灵王说："大王，这可不是个好兆头啊。我们要好好招待前来参加的诸侯和使者，不可失礼。您有什么不满，也要等到会议以后再说。"

可是，大国之君的楚灵王没有听进去。宋国国君没来，派了太子参加。楚灵王就认为宋国无礼，把宋国的太子给抓起来关了禁闭。在会议期间，还羞辱徐国国君。就连齐国这样的大国，他也没放过，直接扣留了齐国的使节。更有甚者，楚灵王还杀死了楚国无辜的将士发泄私愤。

大臣劝说他："大王，在这个场合，前来会议的，不是国君，就是代表国君来的。你抓了一个人，就是在羞辱一个国家；杀我们自己无辜的将士，就是对我们自己的不尊重，迟早要为楚国招惹灾祸呀。"

可是，楚灵王只相信强权，他觉得他的实力最强，只有他有尊严。于是，其他诸侯国都仇视楚国，他自己的将士也不再对他忠心。楚灵王对其他诸侯国和自己将士的侮辱，终于给他自己带来了灾祸。

过了不到一年，楚灵王带着卫队前往南边的乾溪游玩。在他游玩期间，楚国国内发生了政变。跟随他的军队，听说国内发生了政变，不但没有去平息政变，反而一哄而散，把楚灵王一个人扔在了那里。

后来，楚灵王饿死了。对人无礼不恭敬，连别人的生命都随意剥夺，楚灵王之死，正合乎了那句话，凡事有果必有因。

故事二：晋文公报恩复仇

晋国国君晋献公的儿子重耳（晋文公）受到迫害，不得不离开晋国，在其他诸侯国之间流亡。重耳颠沛流离的日子过得相当艰苦，而且还要遭

受别人的白眼，其中，他在卫国、曹国和郑国受到的羞辱最大。

重耳在狄国安稳地生活了十二年后，不得不再次流浪，因为有人要杀他。重耳一行人狼狈逃到了卫国，希望卫国国君能够收留他们。可是卫国国君看不起重耳，觉得他不过是一个倒霉的公子（秦代以前，公子是指诸侯的儿子。女儿或称女公子），没有什么前途，就理都不理他，连个路费都不赞助就让他离开了。

重耳走到卫国的五鹿这个地方，实在饿的走不动了，他看到几个耕作的农民正在路旁吃饭，就向他们讨一碗饭吃。这几个农民根本不理他们，其中一个还扔了一块土疙瘩，说："吃吧。"

后来，重耳他们又来到了曹国。曹国看起来还不错，曹国国君收留了他们。可是曹国国君曹共公却不怀好意，他收留重耳的目的竟然是为了偷看他洗澡。曹共公这个趣味真够可以的。怎么回事呢？原来曹共公听说重耳的骨节是连在一起的，就趁着重耳洗澡的时候，去偷看他。重耳非常羞愤。

怎么办呢？曹国也待不下去了，继续往前走吧。重耳又来到了郑国。当时，郑国的大臣都劝郑国国君郑文公，说："重耳虽然落魄，但他毕竟是晋国的公子，既然我们接待他们，就要以礼招待呀。"可是郑文公不听，对重耳一行人很是不礼貌，他还给自己找借口，说："重耳这么多人，随便意思意思就得啦。"

重耳又继续流亡。终于，重耳在宋国的时候，待遇有了改变，宋国国君宋襄公隆重接待了重耳。宋襄公虽然有点迂腐，可是他这次却做对了，而且他还送给重耳八十匹马。后来，重耳当上晋国国君后，帮助宋国抵御强大的敌人。

一年后，重耳回到晋国，做了国君，即为晋文公。晋文公上位后，晋国很快就强大起来。四年后，楚国进攻宋国，宋国向晋国求救。晋文公感激宋国以前对他的尊重，就出兵帮助了宋国。晋文公想起自己在卫国、曹

第24章 对人恭敬，自行节俭

国和郑国受到的侮辱，趁机攻破卫国和曹国，攻占了郑国八座城池。

只要有人的地方，就有矛盾。人与人之间可能会发生争论，甚至更进一步的争斗，但唯独不能侮辱人——即便是死刑犯，他得到的也只能是法律的制裁，而不是尊严的侮辱，这是人道主义的进步。侮辱别人的尊严，实际上就是在拉低自己的人格，往大了说，这对整个人类都没有好处，这是文明的退步。

思考时间

1.楚灵王为何落得个饿死的下场呢？

2.卫国、曹国两个诸侯国为何与宋国的命运截然相反呢？

第 25 章　登东山而小鲁，登泰山而小天下

原文

孟子曰："孔子登东山而小鲁①，登泰山而小天下。故观于海者难为水，游于圣人之门者难为言②。"

——《孟子·尽心章句上·第二十四节》

词语注释

①东山：蒙山，处在山东省临沂市。

②言：言论，主张。

章句理解

孟子说："孔子登上东山后，便觉得鲁国小了；登上泰山后，便觉得天下小了。所以，见过大海的人，便很难被其他地方的水所吸引；学习于圣

人一门学问的人，便很难被其他人的言论所吸引。"

　　站得高，看得远，既指眼界，也指胸襟。是说一个人的格局大了，他对事物的了解就更深了。知识丰富了，有了更开阔的心胸和高深的见识，原来以为了不得的事情，也就没有那么高不可攀、难以逾越了。所以说，见识决定格局，格局决定高度。

　　小朋友可能会问，见识怎么来的呢？当有一天，你升入高一年级后，回头再看低年级的题目，就会觉得极其简单。那么你的这番见识是怎么来的呢？对呀，一是积累；二是融会贯通。《论语全鉴》第29章中，子夏说"日知其所亡，月无忘其所能"，就是积累。本书第23章中，孟子说"资之深，则取之左右逢其原"，就是融会贯通。

　　所以呢，多读书，勤思考，敢实践，你的见识就会一步步提升起来啦。小朋友，加油哦！

　　　趣味故事

晋文公论赏

　　公元前634年，南方的楚国国力正当强盛，楚国就想北上中原，企图称霸。楚国北上，首先就会遇上晋国。晋国是北方大国，晋文公刚上位两年，晋国的国力正在恢复。晋楚两个大国军队对垒城濮（pú）这个地方，战争已经不可避免，晋国国君就与大臣们商量如何作战。

　　晋文公先问子犯（晋文公的舅舅，狐偃），说："楚国兵力多于我们，我们与楚国作战，该采用什么战略呢？"子犯回答说："我听说过这么一句

话，讲究礼仪的人，都是用忠和信来做事的；可是战场上两军厮杀呢，那就要用诡诈和计谋。现在，我们和楚国作战，就用诡诈的手段吧。"

晋文公又问雍季，说："晋军众多，我们兵力不及。我们该采用什么战略呢？"雍季回答说："打猎的时候，把整座山林都点燃，可以获得更多的猎物，但以后就无法再猎捕猎物了（焚林而猎）；对待民众，用欺诈的手段，可以获得更多的利益，但以后就无法取信于民了。"

后来，晋国和楚国作战的时候，晋文公采用了子犯的建议，使用了诡诈计谋，取得了胜利。晋国胜利后，晋文公奖励有功人员，他先赏了雍季，然后才赏子犯。

大臣们就不明白了，纷纷说："城濮大战的胜利，是因为采用了子犯的计谋，而不是雍季的策略呀，可是封赏的时候，为什么把他排在了雍季的后面呢？"

晋文公说："雍季的策略符合我们晋国的长远利益，子犯的计谋只是权宜之计。权宜之计只能用于一时，怎么能大得过长远利益呢？"

正因为晋文公有这样高屋建瓴的格局，他在位仅仅八年的时间，就成为继齐桓公之后的第二个霸主，使晋国成为当时的超级强国。

思考时间

1.子犯和雍季各自给晋文公出的计谋是什么呢？

2.晋文公采用了子犯的计谋，却为何优先封赏雍季呢？

第 26 章　世务通达

第一节　豁达不偏执

原文

公孙丑问曰："伯夷、伊尹何如①？"

孟子曰："不同道。非其君不事，非其民不使；治则进，乱则退，伯夷也。何事非君，何使非民；治亦进，乱亦进，伊尹也。可以仕则仕，可以止则止②，可以久则久③，可以速则速④，孔子也。皆古圣人也，吾未能有行焉；乃所愿，则学孔子也。"

——《孟子·公孙丑章句上·第二节》

词语注释

①伯夷、伊尹：伯夷，与其弟叔齐为孤竹君的儿子，相互推让不嗣君位。武王伐纣，两人反对，周一统天下后，两人不食周粟，饿死首阳山。伊尹，商汤的贤相，商汤以他为天下楷模。

②止：处（chǔ）的意思（含退隐不外出为官），与仕（为官）相对，故译为辞职。

③久：焦循《孟子正义》注为"留"，杨伯峻《孟子译注》注为"稽迟淹滞"。故此处译为停留迁延。

④速：疾速。

章句理解

公孙丑又问："伯夷、伊尹这两个人怎么样呢？"

孟子说："也不相同。不是理想的君主就不侍奉，不是理想的民众就不使唤，国家太平就做官，国家混乱就退隐，这就是伯夷。任何君主都侍奉，任何人民都使唤，国家太平也做官，国家混乱也做官，这是伊尹。应当做官的时候就做官，应当辞职的时候就辞职，应当停留迁延的时候就停留迁延，应当疾速离开的时候就疾速离开，这是孔子。他们都是古代的圣人，我没有能做到他们那样；至于我的愿望，则是学习孔子。"

国学启示

孔子说，天下事没有规定必须怎么做，或者不能怎么做，怎么符合仁义就怎么做。做事情的时候，尽管我们的目标是不变的，可是周围的环境、条件发生变化时，做事情的方式方法也要跟随变化。

儒家是入世的学问，是主张读书人做官的，可同时又认为，如果做官上不能匡正君主失误，下不能安抚百姓，就不要做这个官了。比如，同样是离开，离开亲人时会依恋不舍，而离开险境则越快越好。如同我们锻炼身体，外出晨跑是健康的，可是雾霾天在室内待着反而是健康的。

总之，处事要豁达，不可偏执一端。

第二节　穷则独善其身，达则兼善天下

原文

孟子曰："尊德乐义，则可以嚣嚣矣①。故士穷不失义②，达不离道③。

穷不失义，故士得己焉④；达不离道，故民不失望焉。古之人，得志，泽加于民；不得志，修身见于世。穷则独善其身⑤，达则兼善天下。"

——《孟子·尽心章句上·第九节》

词语注释

①嚣嚣：神情自得无欲无求。心中尊德乐义，故能无欲，无欲则刚，始能嚣嚣矣。

②义：节义，即节操与道德标准。

③道：仁道，即社会运行正确的规则。

④得己：自得其乐。

⑤穷：古语中，贫与穷是两个不同意思的词。穷，是生活无依，前途无路。贫，则是身无余财。穷侧重于精神上无出路、无方向；贫则是侧重物质上匮乏。

章句理解

孟子说："尊崇德，喜好义，就可以自得其乐了。所以士穷困时也不失掉义，显达时也不离开道。穷困时不失掉义，所以士才能不忘初心自得其乐；显达时不离开道，所以不会招致百姓的失望。古时候的人，自己的志向得到施展，就会给百姓带来惠泽；自己的志向得不到施展，就修身立德让世人看到。穷困便独善其身（修身立德），显达便兼济天下（惠泽于民）。"

国学启示

"穷则独善其身，达则兼善天下"，是因为能够"穷不失义，达不离道"。"穷不失义，达不离道"，是因为"尊德乐义，则可以嚣嚣矣"。所以，颜回居住陋巷，吃冷饭，喝凉水，也能自得其乐。如果不能尊德乐义，是无法做到独善其身和兼济天下的。

第26章 世务通达

113

有部分人可能对"穷则独善其身"有一个误解，以为是"穷"了就自我保护，只顾自扫门前雪。这是功利主义的想法。其实，这句话的本意是，自己的志向得不到施展，不与现实同流合污，宁愿保持自己的高洁志向。比如，孔子在鲁国不被用，周游列国不被用。纵然不能兼济天下，孔子也不改变志向，回到鲁国后整理文献，传递文明，这才叫独善其身。

趣味故事

故事一：阳虎树人与中行（háng）文子识人

阳虎在鲁国发动政变失败了，到了齐国又被驱逐，后来到了晋国，赵简子不顾别人劝阻，重用了他。阳虎也的确帮助了赵简子。

赵简子和阳虎两人都是颇有能力的人。一天，赵简子和阳虎聊怎么样识别、培养人才的话题。赵简子对阳虎说："我听说，你很善于培养人才。你在鲁国和齐国的时候，重用了不少默默无闻的人，是这样吗？"

阳虎说："我在鲁国的时候，培养了三个人，他们都做了高官。后来，我获罪于鲁国，这三个人都争先恐后地来搜捕我。我在齐国的时候，向齐国国君推举了三个人，一个是国君的近臣，一个做了县令，还有一个掌管治安。后来，我犯了法，想寻求他们的帮助，那个国君的近臣不愿意见我，县令带着人要冲到我家里来捆绑我，那个负责治安的更过分，他率领捕快一直把我追到齐国边境，后来看实在追不上我才肯罢休。我哪里能算是善于培养人才呢？"

你总想发动政变，别人追捕你，难道不正常吗？赵简子低头笑着，一语双关地说："是啊，枸杞和酸枣，长成以后会把人扎伤；梨子柑橘却是

吃起来甜，闻起来香。所以，培养人才一定要谨慎行事，万万不能养虎为患呀。"

别人都说阳虎虎狼之心不可用，赵简子却反其道行之，重用阳虎。阳虎也为赵氏强大发挥了出色的作用。赵简子用阳虎，可谓世务通达的典范。

晋国的中行（中行是复姓）文子家族，与赵鞅家族争斗，失败后逃离晋国。

因为担心被追兵追上，中行文子一行人先逃亡边境，辎（zī）重车辆走得慢，远远落在了后面。他们跑到一个县城的时候，随从人员就说："这里的县令是您的老熟人，要不我们进城休息一下吧，刚好在此等一下后面的辎重车辆。"

中行文子缓缓地摇了摇头说："不可，这个人靠不住。"

随从人员不明白，中行文子就解释道："我喜爱弹琴，这个人就把名贵的琴送给我；我喜欢玉石饰品，这个人就送价值不菲的玉玦（jué）给我；他这是在投我所好，以期从我这里获得好处。他既然能献媚于我求取好处，自然也会捉拿了我去向别人献媚，以求取利益。"

中行文子说完，带着人马不停蹄地绕城而过。后来，中行文子的辎重车辆到达这座县城的时候，这个县令果然把车辆扣下，献给了他的新主子。

中行文子没有拘泥于昔日自己高高在上时的人情，而是根据自己落难的实际，凭心凭理看人看事，真可谓通权达变呀。

故事二：秦国夺蜀

秦国秦惠王即位九年的时候，秦国西南方的巴国和蜀国互相攻打了起来。这两个国家都向北方的秦国寻求帮助。秦国怎么做呢？

秦惠王就找来张仪和司马错商量该怎么办。司马错认为可以趁机去占领蜀国，可张仪却主张向东攻占韩国。韩国毕竟地处中原啊，夺取了韩国，就距离秦国吞并六国的目标更近了一步。所以，秦惠王倾向于张仪的建议。他就对张仪说："我想听听你的看法。"

张仪说："向东攻打韩国好处多多呀，你看，我们攻占了韩国，向东可以进攻魏国，向南可以威胁楚国。并且，周天子肯定会把传国之宝奉送，我们挟天子以令诸侯，谁又敢不听呢？这才是霸业呀。蜀国地处边陲，对我们用处不大。我听说过一句话，要争名位就去朝堂，要争财利就去市场。现在，放着中原我们不要，难道反而要一个边缘野蛮之地吗？"

秦惠王又问司马错。司马错说："我也听说过一句话，国家富强就要扩张领土，兵强马壮就要百姓富足，获取天下就要实行仁政。占领蜀国，就可以得到蜀国富饶的土地，同时能使我们的百姓富足。可是要去攻打韩国，那就是与周天子为敌了（周的都城在韩国境内），这种不仁义的举动得不偿失。况且，齐国是韩国的盟国，我们进攻韩国，齐国必然抵抗我们，那时楚国与魏国却会因此得利。"

秦惠王最终决定攻占蜀国。经过十个月的战事，秦国占领了蜀国，秦国拥有了富庶的蜀国后，实力就更强大了，六国更不是它的对手了。

秦惠王野心很大，想灭掉六国统一中原。可是他却放弃了攻打韩国出兵中原的机会，反而去攻占远离中原的蜀国。这就是秦惠王的变通呀。

思考时间

1. 中行文子逃难的时候，为何到了老熟人的县城不进去休息，反而跑得远远的呢？

2. 秦惠王非常想独霸中原，为何不攻击中原地区的韩国，反而攻取西南边陲的蜀国呢？

第27章　自己不正直便不能使别人正直

原文

孟子曰："如枉道而从彼[①]，何也？且子过矣[②]，枉己者，未有能直人者也[③]。"

——《孟子·滕文公章句下·第一节》

孟子曰："昔者有馈生鱼于郑子产，子产使校人畜之池[④]。校人烹之，反命曰：'始舍之，圉圉焉[⑤]；少则洋洋焉[⑥]；攸然而逝。'子产曰：'得其所哉！得其所哉！'校人出，曰：'孰谓子产智？予既烹而食之，曰：得其所哉，得其所哉。'故君子可欺以其方，难罔以非其道。"

——《孟子·万章章句上·第二节》

词语注释

①枉道：枉，不正直，此处为使自己不正直，译为屈辱；枉道，屈辱自己的志向和主张。

②过：错。

③直：使正直。

④校人：负责管理池塘的小吏。

⑤圉（yǔ）圉：此为鱼半死不活的样子。

⑥洋洋：此为鱼舒缓身体摇晃尾巴的样子。

章句理解

孟子说："我们如果现在要屈辱自己的志向和主张，去追从诸侯，那是为了什么呢？况且你错了，自身不正直的人，从来没有能够使别人正直的。"

孟子说："从前有人送了条活鱼给郑国的子产，子产命管理池塘的小吏把鱼养在池塘里。这个小吏把鱼煮了吃了，回来复命说：'刚放进池塘时，这条鱼还半死不活的样子；可不一会儿它就晃动起身子，摇动起尾巴来啦，突然之间就游到深水不见了。'子产说：'鱼有了好去处，有了好去处。'小吏出门后，对人说：'谁说子产聪明？我明明把鱼煮了吃了，他还在那里说什么'有了好去处，有了好去处。'所以，对于君子，只能用合乎人情的道理来欺骗他，而不能违反情理的诡诈来迷惑他。"

国学启示

自身不正直的人，就无法要求别人正直。自己破坏规则，就不能指望用规则来约束别人。

不论何人，只要其所言所行合乎人情道理，君子就选择相信；反之，违背人情道理的言行，君子就选择不相信。看似君子也会被骗，这却是君子在用自身的正直矫正不正直的人，在努力维持人与人之间基本的信任，在维持人与人之间朴质的天性善良。人与人之间如果没有了信任，没有天性善良，那么人类文明也就消失了，人类社会甚至连动物世界都不如。

∽∽ 趣味故事 ∽∽

故事一：赵襄子赛马

赵襄子跟随王子期学习驾驭车马，学成之后，赵襄子和王子期比试。

两人换了三次马，都是王子期赢了。

赵襄子哀怨地说："您教我驾驭车马技巧，一定没有全部教我吧。您是不是还给自己留了一手啊？"

王子期说："技巧已经全部传授给你了，你之所以输了比赛，不是我的原因，是你自己的错误造成的。"

赵襄子问道："我哪里错了呢？"

王子期说："你的心思没有用在马的身上，却主要放在我身上了。你怎么能驾驭好车马呢？"

赵襄子说："请给我详细说说吧。"

王子期说："驾驭车马，最主要的是要和自己的马心意相通。人的注意力要在马的身上，发出正确的指令，并且要让马感觉到你的真实意图。这样人与车马才能协调一致，才能跑得快，跑得远。可是您呢，心里总想着赢我，在我后面时想追上我，在我前面时怕被我追上。您的心思全在我身上，从来没有注意到自己的马，您怎么能赢我呢？"

赵襄子过于重视比赛的结果，反而忘记了什么才是比赛输赢的重要因素。自己的内心先枉曲了，不以直道而行，其结果偏离预期也就不奇怪了。

故事二：白公胜忘义

楚国的白公胜发动政变，把昔日接他回楚国，又全力培养他的子西给杀害了。时人都看不起他，说他忘恩负义。白公胜发动政变时，他的马鞭杆儿刺破了自己的脸，血滴到了地上，他都没有觉察。郑国人说："这个家伙，脸面上的伤痛都忘记了，还有什么不能忘记的呢？"

白公胜只顾眼前的一时激愤，忘记了仁义与诚信，忘记了民心向背。

他自己违背仁义已经不正直了，又怎么能够要求别人对他忠心呢？所以他的政变只能成功一小会儿，最终他还是被逼自杀了。

所以《大学》里说："心思不在了，看到了也像没看到一样，听到了也像没听到一样，嘴里吃着东西，却不知道它的滋味。"一旦自己的心智歪曲了，那么看什么都是歪的了，既然不能正确地认识问题，也就找不到解决问题的正确方法了。

思考时间

1.赵襄子学会了驾驶车马，为何三次比赛都输了呢？

2.郑国人说白公胜什么都可以忘记，是说他忘记了什么呢？

第28章 尽信书，则不如无书

原文

孟子曰："尽信《书》①，则不如无《书》。吾于《武成》②，取二三策而已矣③。仁人无敌于天下，以至仁伐至不仁④，而何其血之流杵也⑤？"

——《孟子·尽心章句下·第三节》

词语注释

①《书》：本章两处《书》，皆指《尚书》。

②《武成》：《尚书》中的一篇，讲述武王伐纣的故事。今天留存下来的《武成》篇"伪古文"（杨伯峻语）。

③策：竹简。造纸术发明前，文字主要是写在竹简上。

④至：极。

⑤杵（chǔ）：舂（chōng）米用的木棒。另一说为战车上的长杆武器，这个说法未必符合本意，故不取。

章句理解

孟子说："完全相信《尚书》，那还不如没有《尚书》呢。于《尚书·武成篇》，我不过取了其中两三策罢了。实行仁道的人便天下无敌，以极为仁道的人讨伐极为不仁道的人，怎么会血流得把舂米的木棒都飘起来了呢？"

国学启示

同样是武王伐纣，同样是血流漂杵，孟子的质疑是反抗的力量没有那么大，韩非子的质疑是仁义的力量没有那么大（参考韩非子质疑舜耕历山）。且不管为何质疑，足可见古人心存质疑的求知精神是由来已久了。

人非圣贤，孰能无过？更何况圣贤也有过错的时候。所以，小朋友，别人告诉你的道理，书本给你的知识，只要不符合人性，不符合情理逻辑，不符合自然规律，你都可以尽情质疑。这样的质疑，既能使知识更为扎实，又能使思维更加明晰。

〜〜趣味故事〜〜

故事一：按图索骥（jì）

小朋友听说过伯乐与千里马吧，可你知道伯乐还有个儿子吗？他的这个儿子还闹了笑话，成为按图索骥这个成语的主角（jué）了呢！

两千多年前的春秋时期，没有汽车、火车、飞机，快速交通就只能依

靠马了。但并不是随便一匹马就能快速地长途奔跑，跑得又快又远的马，被称为千里马。只有有眼力的人才能够相马（给马相面？对，大概就是这个意思），这其中最厉害的就属孙阳了，因为他相马特别厉害，一眼就能分辨出马的优劣，所以被称为伯乐。

伯乐本意是天上的星宿，据说负责管理天马（可不是弼马温孙悟空哦）。可是天下那么多马，他一个人也看不过来啊，怎么办呢？孙阳就根据自己的经验，又配上他认为千里马的形象插图，写了一本书，书名叫《相马经》。他希望通过这本书，让更多的人能够辨识千里马。

近水楼台先得月，这本《相马经》先被孙阳的儿子背诵的滚瓜烂熟。孙阳的儿子鼻孔都朝天啦，自以为背诵了父亲这位伯乐的《相马经》，就可以鉴别千里马了。于是乎，他带了一只蛤蟆回来，说是千里马。

孙阳被气得满脸黑线。孙阳的儿子解释道："您写的《相马经》里说，高大的额头，眼睛又圆又亮像铜钱。这家伙可不就是这样吗？"

孙阳气呼呼地说："好吧，你就骑着它日行千里去吧。"

孙阳的儿子虽然能够背诵全书，却也只是鹦鹉学舌，并不能真正领悟书本的主旨。所以，他以蛤蟆为千里马的错误也就难免了。

故事二：一叶障目

读书学习，是为了明理，辨是非。这就要求读书不仅要贯穿通篇，以抓住主旨，还要和其他道理相互印证，这样才是正确的方法，才是积累知识明白道理的正确途径。反之，不明大意，一味地完全照搬书本，反而落了下乘。

古时候有个楚国书生，他只会死读书、读死书，从来不把读到的内容

过过脑子，思考一下。一天，他读《淮南子》，看到书里面记载着这样一个故事：螳螂捕蝉的时候，会把身体隐藏在一片树叶后面，这样一来，蝉就发现不了螳螂了。螳螂依靠这个方法，屡屡捕获蝉和其他昆虫。

本来，这个故事是在说明一个道理，隐藏自己的实力，攻敌不备，出奇制胜。可是，这个楚国书生没有明白这个道理，他只看到了"树叶遮挡身体"。于是，他极度兴奋起来，思索着去哪里找这样的树叶。说干就干，他跑到大树下面，一直在那里守着，等螳螂捕蝉的时候，摘下螳螂前面的那片树叶。一边在树下等，一边还在美呢：哎呀，如果我找到了这片树叶，岂不是我也能隐身了，去偷……，哦不，是拿，拿别人的东西，别人岂不是发现不了我了？哈哈。

等了大半天，总算发现了螳螂隐藏自己的那片树叶，他乐不可支，把那片树叶摘了下来。熟料，乐极生悲，一个没拿住，那片树叶掉进了树底下的落叶丛中。哎呀，这可怎么办？这个楚国书生就把所有的落叶都带回家，然后一片一片地挑选。他拿起一片挡住自己的眼睛，问他的妻子："你能看到我吗？"

妻子开始一直说："看到了。"能看不到吗？一个大活人，拿了一片树叶遮挡住了自己的眼睛，别人就看不到你了吗？楚国书生就再拿一片，接着问。后来，妻子不耐烦了，就随口说了一句："看不到了。"

哈哈，他一听大喜，揣着这片树叶就往集市上跑。来到了集市，他举起树叶，然后大摇大摆地去拿人家的东西。结果，被官差抓住了。

县官审问他为何偷人家东西的时候，他就把树叶能遮挡身体的由来给县官讲了。县官听完，哈哈大笑，说："你呀，就是个书呆子。"

思考时间

1.孙阳的儿子按照《相马经》寻找千里马，却寻回来一只蛤蟆。孙阳的儿子真看明白了《相马经》这本书了吗？

2.树叶能够遮挡螳螂，楚国人拿它来遮挡身体，却被抓了。这是因为树叶太小了吗？是因为妻子骗了他吗？用自己的话说一说为什么。

第29章　天时不如地利，地利不如人和

原文

天时不如地利，地利不如人和①。

——《孟子·公孙丑章句下·第一节》

词语注释

①天时、地利、人和：此处采用杨伯峻《孟子译注》注解，天时，阴晴寒暑之宜于攻战与否；地利，高城深池山川险阻；人和，人心所向内部团结。

章句理解

天时重要，但比不上地利重要；地利重要，但比不上人和重要。

国学启示

天时不如地利，地利不如人和，这句话在孟子那个年代，应该已是用来形容作战条件的惯用语了。《孙子兵法》也说："天时、地利、人和，三者不得，即便取得胜利，也会留下祸患。"同时《孙子兵法》又说："天地之间，最宝贵的就是人了。"可见，人和最为重要这一点，并不只是孟子一家之言。"二战"时，法国过分迷信自己的马其诺防线，结果德国人绕过马其诺防线进攻，号称欧洲陆军第一强国的法国被灭亡。

本章还暗含另一层意思，天时、地利是死的，人是活的。天时与地利，

并不是本书第18章所说的"求则得之"，唯有人和才是"求则得之，舍则失之"，求人和才是有益于结果的求。

吴起劝谏魏武侯

魏文侯去世后，他的儿子魏武侯即位国君。这时候，魏国是各诸侯国中实力最强的。

魏武侯即位后不久，就带着大臣巡视河西前线。当时吴起正坐镇河西，负责河西前线防务。看着险要的地势，魏武侯放心了，他感慨说："地势险要，魏国的山河就稳固，我也就放心啦。"

旁边的一个大臣迎合着说："是啊是啊，当年晋国就是凭借河西险要，不畏惧秦国来攻。晋国因此称霸百余年呢。"晋国一分为三，魏国，韩国，赵国。魏国占据河西之地。

吴起听了却不以为然，他说："您这是亡国之论啊。"

魏武侯有些不高兴，我就是感叹一下山河险固，怎么还就亡国了呢？他问吴起："你这是什么意思？"

吴起回答说："天时不如地利，地利不如人和。所以，山河险要是不足以依仗的，成就霸业也不是从山河险固开始的。夏桀的江山不险固吗，不还是被商汤攻陷了？商纣的江山不险固吗，不还是被周武王所取代？我们攻城略地，难道那些城池不高大不厚实吗？为何还被我们攻破了呢？所以说，国家稳固，不在于山河险要，而在于政通人和呀。"

魏武侯听了吴起的话，赞叹吴起讲得好，把河西防务放心交给吴起。

吴起的话是很有道理的。一百七十年后，函谷关虽险要，也没挡住秦朝的灭亡；五百多年后，剑阁号称一夫当关万夫莫开，蜀国照样灭亡；两千多年后，长城东西万里，清军照旧入关。原因就是贾谊在《过秦论》里总结的那句话："仁义不施而攻守之势异也。"

思考时间

1.魏武侯认为国家江山稳固是依靠什么？

2.吴起认为国家江山稳固是依靠什么呢？

第 30 章　要有主见

原文

孟子曰："于不可已而已者①，无所不已。于所厚者薄②，无所不薄也。其进锐者，其退速。"

——《孟子·尽心章句上·第四十四节》

词语注释

①已：弃。

②厚：厚待；薄：薄待。

章句理解

孟子说："本不应放弃的人却放弃了，那就没有什么人是不可以放弃的了。本该厚待的人却用薄待来应付，那就没有谁不可以薄待了。前进过猛的人，其后退也快。"

我们的亲人，需要我们不离不弃；有道德的人，需要我们主动靠近。为了所谓的名利物欲，放弃我们的亲人和正人君子，纵然一时得势，也必将飞得高摔得惨。所以，亲近贤德的人，厚待自己的亲人，应该是我们毋庸置疑的处世主见。

我们面对的事情，最挠头的无非是两个，一个是取舍，一个是是非。取舍，需要你来权衡；是非，需要你来判断。可无论是取与舍的选择，还是是与非的甄别，都需要什么呢？那就是我们的主见。没有主见的人，很难做出正确的选择，也很难分辨是非。

趣味故事

此间乐，不思蜀

民间有句话，形容一个人非常不堪，就说他真是一个"扶不起来的阿斗"。阿斗是谁呢？他就是刘备的儿子，刘禅，他的小名叫阿斗。刘禅一生糊里糊涂，没有自己的主见。

诸葛亮活着的时候，还能对刘禅进行规劝。诸葛亮去世后，刘禅再也没有什么作为了，反而变本加厉地胡闹。

诸葛亮曾经劝说刘禅"亲贤臣，远小人"，刘禅却一味相信一个叫黄皓的宦官。这么说吧，他又走上了东汉末年那几个昏庸皇帝的老路。

后来，蜀国被灭亡了。刘禅和他的大臣们被抓到了北方曹魏的都城洛阳，刘禅被封为安乐公。

一天，曹魏的执政大臣司马昭设宴招待刘禅，他故意吩咐宴席中演奏

第30章　要有主见

蜀国的舞曲。蜀国的大臣们看到了家乡的歌舞，想起了被灭亡的蜀国，想起了自己的祖先还安葬在那里，都纷纷难得落泪。唯有刘禅不这样，他不但不悲伤，听得还很起劲。

司马昭看着刘禅问道："安乐公可想念家乡了？"

刘禅眼睛看着舞蹈，嘴里说："这里这么快活，我想家乡干嘛呢（此间乐，不思蜀）！"

刘禅的大臣中，有个叫郤（xì）正的。他对刘禅悄悄说："您怎么能说不思念家乡呢？要是司马昭再问您，您就要做出一副思念家乡的样子，然后对司马昭说：'祖先的陵墓远在巴蜀，我没有一天不思念啊！'这样，您就有可能回到我们的家乡了。"

刘禅听完，就把郤正给他说的话记了下来。果然，司马昭又问刘禅以前的那个问题，刘禅就把郤正教给他的话说了一遍。

司马昭说："这话听起来怎么像郤正说的呀。"

刘禅很是惊奇，说："这的确是郤正说给我听的。可您是怎么知道的？"

司马昭哈哈大笑。后来，司马昭说刘禅，这个人没有心肝到了这种地步，就算是诸葛亮复活，也不能长久地辅佐他。

后来有人为刘禅开脱，把蜀国灭亡甚至归结于诸葛亮。还有人说刘禅是数千年少有的政治家，这种哗众取宠的论调是不道德的。不以成败论英雄，刘禅的错误不在于蜀国的灭亡，而在于他拥有蜀国的时候没有励精图治。该发展国力的时候，他在嬉戏；该用贤能的时候，他用小人。

国家在这样一个毫无主见的君主手里，就好比婴儿手里握着珍宝，虽然得来容易，可丢失也快。刘禅唯一一次坚定主见的事情，就是听从谯周的建议，打开都城大门，向敌人投降。

思考时间

1.司马昭听了刘禅的话，为何会大笑呢？

2.在司马昭看来，刘禅是一个什么样的人呢？

第31章　远虑近忧

第一节　有终身之忧，无一朝之患

原文

孟子曰："是故君子有终身之忧，无一朝之患也①。乃若所忧则有之：舜，人也；我，亦人也。舜为法于天下②，可传于后世，我由未免为乡人也③，是则可忧也。忧之如何？如舜而已矣。若夫君子所患则亡矣④。非仁无为也，非礼无行也。如有一朝之患，则君子不患矣⑤。"

——《孟子·离娄章句下·第二十八节》

词语注释

①一朝：一时，一旦，与"终身"相对。患：名词，祸患，祸害。此处译为痛苦。

②法：效法，效仿。

③由：同"犹"，尚且，还。乡人：乡里普通人。

④亡（wú）：同"无"。

⑤患：动词，忧虑。此处译为以之为痛苦。

章句理解

孟子说："所以君子有长期的忧虑，而无一时突发的痛苦。像这样的忧虑（终身之忧）是有的：舜是人，我也是人。舜却是天下人效仿的楷模，他的名声为后世所传颂，而我依然不免于普通人，这才是我忧虑的。忧虑又该怎么办呢？学习舜那样行事就是了。这样君子的痛苦就没有了。不合乎仁爱的事情不做，不合乎礼节的行为不做。（这样做了，即便以后）如有突发的横祸，君子也不会以为痛苦了。"

国学启示

君子有终身之忧，无一朝之患。是说君子志向坚定，要做一个贤能的君子，所以就不会因为眼前的财物或名利损失而痛苦。

一个人，胸襟宽阔、志向远大，知道自己的目标在更远处，而不在眼前，也就气度恢宏，从容恬淡，等闲眼前的困厄了。内心如果没有大的志向，就会被眼前的苟且带偏了；内心没有大仁大义，就会不择手段无所顾忌，不仁义的事情也做，不符合礼仪的事情也做。

第二节　生于忧患，死于安乐

原文

孟子曰："人恒过①，然后能改；困于心②，衡于虑③，而后作；征于色④，发于声，而后喻⑤。入则无法家拂士⑥，出则无敌国外患者，国恒亡。然后知生于忧患而死于安乐也。"

——《孟子·告子章句下·第十五节》

词语注释

①过：谬误。

②困：《广雅》注，"困，悴（cuì）也。"悴，通"瘁"（cuì），劳累，劳苦之意。

③衡：横的假借字，意为不顺，困塞。

④征：验，即表现出来的意思。

⑤喻：知晓。

⑥拂（bì）：通"弼（bì）"，辅助之意。

章句理解

孟子说："人的言行常常有谬误使自己受损，然后才能更正自己的言行；心意困苦，思虑阻塞，然后才能奋发有所作为；还要表现在脸色上，表达在自己的谈吐中，才能被人知晓。一个国家，国内没有有法度的大臣和足以辅弼君主的士人，国外没有敌国与之抗衡，没有外患使之忧惧，则国家常会被灭亡。这样就知道忧愁祸患使人生存，安逸享乐使人死亡的道理了。"

国学启示

张载说："贫贱忧戚，庸玉汝于成。"意思是说艰难困苦的环境，其实可以磨炼人的意志，用来帮助他达到成功。他自己就是这样过来的，他辞官后，回到老家横渠。横渠是个穷乡僻壤，张载只有几亩薄田，收入只能勉强维持生计。困难再多，形势再不顺心，也没什么，只当是对自己意志磨炼的试金石。

艰难困苦玉汝于成，张载不在意贫寒，日夜苦学，终于创立"关学"。张载的名言"为天地立心，为生民立命，为往圣继绝学，为万世开太平"，道出了历代士大夫的最高志向，也再次证明了生于忧患的道理。

故事一：目不见睫

楚庄王想要攻打越国。杜子认为时机不对，就劝他："大王为什么要攻打越国呢？"

楚庄王说："越国现在政治混乱，军队的战斗力也弱。现在攻打越国不正是时机吗？"

杜子继续劝他说："我很为您说的话担心呀。人的智慧就好比他的眼睛，眼睛能看到远处的东西，却无法看见自己的睫毛，大王您现在也是这样啊。我们楚国的军队，刚刚被晋国和秦国打败了，还丧失了好几百里的土地，这叫什么？这就是我们自己军队战斗力弱呀。庄蹻在国内造反，我们却没有能够制止，这叫什么？这就是我们自己的政治混乱呀。大王只看到越国政乱兵弱，却没有看到我们自己也是这样。"

楚庄王果断停止了攻打越国的举动。真正了解一个事情，困难不在于事情本身，而在于认清自己呀。楚庄王只看到越国这个"一朝之患"，而忘记了自己国家政乱兵弱才是"终身之忧"。所以老子才说，认清自己才是真的明白。

故事二：楚庄王葬马

楚庄王非常疼爱自己的马，他给这匹马的待遇不仅普通百姓比不上，就连一般的大夫也望尘莫及。

楚庄王怎么疼爱自己的马呢？他给它穿华丽的刺绣衣服，给它吃有钱人家才能吃的枣脯，给它住高大豪华的大房子。过犹不及，这匹马在过于精心的照料下得了富贵病——太胖了。

自己心爱的马死了，楚庄王悲痛不已，他下令要大臣们为这匹马发丧。这就有点侮辱人了，好比张三家的狗死了要让李四家披麻戴孝。这还不算，楚庄王还要按照大夫的礼节来安葬他的宝贝马。这就有点侮辱社会了，好比张三家的狗死了，就要求世界各国降半旗致哀。

大臣们不干了，没有这么欺负人的，拿我们和你家的马一样！于是，大臣们都议论不止，纷纷发牢骚。楚庄王听到了，又下了一道命令，谁再议论，就杀死谁。

这时，有一个叫优孟的人，他听说了楚庄王葬马的事情。他没有发牢骚，直接哭着跑进了楚庄王的大殿，对着楚庄王痛哭流涕。楚庄王大吃一惊，你先别哭啊，先给我说说你哭啥。

优孟这才止住了哭声，悲伤地说："我哭大王太吝啬了。大王死掉的只是一匹马么？那可是大王心爱之物呀，我们楚国地大物博国富民丰，要什么有什么，大王却仅仅以大夫的礼仪来安葬这匹马，这不是太吝啬了吗？！大王应该用安葬国君的礼节来安葬它。"

小朋友已经听出来了吧，优孟这是正话反说。优孟是在告诉楚庄王，他今天以大夫之礼来安葬一匹马，那么来日他自己死的时候，葬礼一定还不如这匹马的葬礼风光。楚庄王这是只顾眼前痛快，而没有意识到这会给他和整个国家带来永远的祸患。

楚庄王也明白了优孟的意思，他默默无语了好久。后来，楚庄王取消了隆重安葬马的礼仪。楚庄王能够很快明白本末轻重，接纳别人的建议，为后来楚国的强大打下了基础。

思考时间

1.杜子劝说楚庄王不要攻打越国，楚庄王听从了他的建议。楚庄王意识到什么了呢？

2.楚庄王要用大夫的葬礼安葬他的马，为何后来又改变主意了呢？

第 32 章　闻过则喜

原文

孟子曰："子路①，人告之以有过，则喜。禹闻善言，则拜。大舜有大焉②，善与人同③，舍己从人，乐取于人以为善。"

——《孟子·公孙丑章句上·第八节》

词语注释

①子路：孔子弟子，仲由，字子路，又字季路。"孔门十哲"之一。

②有：同"又"。有大焉：焦循《孟子正义》注，有大焉，即为《论语·子罕篇》孔子所说"巍巍乎，舜禹之有天下也，而不与焉。"朱熹《四书章句集注》注解："又有大于禹与子路者"。此处取后者。

③善与人同：此处取杨伯峻《孟子译注》意译：他对于行善，没有别人和自己的区分。

章句理解

孟子说："子路，别人把他的错误告诉他，他就很高兴。禹（不管自己有没有过失）听到善言，就给别人行礼。伟大的舜就更是厉害了，他对于行善没有别人和自己的区分，抛弃自己不好的，学习别人好的，非常愉快

地吸取别人的优点来自己行善。"

吃糖很容易，吃药很难，因为糖是甜的，药是苦的。听别人赞美很畅快，听别人指摘很苦闷，因为赞美能满足虚荣，指摘却伤及颜面。温室里精心培育的花苗，一场风雨就凋零枯萎了。同样是狗，家养的就比不过野生的生命力更强。

小朋友，这个年龄段的你就像一块海绵，正是尽情吸收知识、明白事理的时候，万不可为了虚荣的颜面而错过学习的机会。要知道，无知、过错都不是值得惭愧的事情，无知以为知、犯错不改错，这才是令人羞愧的。

~趣味故事~

晏子逐高缭（liáo）

春秋时期，晏子（晏婴）是一个很有名气的人，孔子曾经说他善于与人交往，而且越交往就会越觉得他好。但他在齐国做相国时，却做了一件看上去"不怎么友好"的事情。这是怎么回事呢？

晏子的相国府里有个叫高缭的官员，晏子没有任何理由就把他给辞退了。有人不明白，就问晏子说："高缭这个人已经为您做事三年了，他没什么过错，您把他辞退了，这样好吗？"

晏子说："我是一个卑微的人，有人指摘我的过错，我才能保持正直。高缭在我这里待了三年，却从来不指出我的过错，所以我把他辞退了。"

晏子不仅要求别人给他指正错误，他自己也是这么做的。

第32章 闻过则喜

一年冬天，大雪下了多日。齐景公披着白色的狐皮大氅（chǎng），坐在宫殿前的台阶上赏雪。他兴致高涨，看了良久才对身边的晏婴说："这场雪真好呀，大雪漫天飞舞，竟然丝毫不觉得冷。"

晏子跺了跺冻得发麻的双脚，反问道："天真的不冷吗？"

齐景公也意识到了问题，不好意思地笑了笑。

晏子接着说："古代的圣君，自己吃饱了还惦记百姓的饥饱，自己穿暖了还惦记百姓的冻寒，自己舒适了还担心百姓的辛劳。您现在穿着狐皮，却只知道自己不冷。"

晏子说得很直，幸好齐景公这个时候还没有像后来那么糊涂。

齐景公严肃下来，对晏子说："您说得很对，我听您的建议。"齐景公说完，就吩咐从自己的府库里取出衣服和粮食，送给了大雪中饥寒的百姓。

晏婴不但闻过则喜，而且还主动要求别人指摘他的过失。齐国有这样胸怀的人做相国，难怪当时齐国能强盛一时。

思考时间

1.子路、禹和舜，他们三人在自身反省这件事上，谁做得最好？

2.晏子为何辞退了高缭？晏子的用人标准，说明他是一个怎样的人呢？

第 33 章　反求诸己

第一节　天作孽（niè），犹可违；自作孽，不可活。

原文

孟子曰："夫人必自侮①，然后人侮之；家必自毁，而后人毁之；国必自伐②，而后人伐之。《太甲》曰③：'天作孽④，犹可违⑤；自作孽，不可活⑥。'此之谓也。"

——《孟子·离娄章句上·第八节》

孟子为卿于齐，出吊于滕⑦，王使盖大夫王驩为辅行⑧。王驩朝暮见，反齐滕之路，未尝与之言行事也。

公孙丑曰："齐卿之位，不为小矣；齐滕之路，不为近矣，反之而未尝与言行事，何也？"

曰："夫既或治之⑨，予何言哉？"

——《孟子·公孙丑章句下·第六节》

词语注释

①夫：语气助词，用于句首，有提示作用。

②伐：讨伐。

③《太甲》：《尚书·商书》中的一篇。《大学》中为"大（tài）甲"。

④孽（niè）：此指灾难。

⑤违：避开。

⑥活：逃。

⑦滕：诸侯国，滕国。

⑧盖（gě）大夫王骧：盖，古地名，在今中国山东省沂水县西北。王骧为盖县县令。

⑨夫：彼，指王骧。

章句理解

孟子说："人必先有自取其辱的言行，别人才去侮慢他；家必先有自取毁坏的征兆，别人才去毁坏它；国必先有自取讨伐的不仁道，别人才去讨伐它。《太甲》说：'天制造的灾难，还可以避开；人自己做下的灾难，就逃无可逃了。'正是这个意思。"

孟子在齐国做卿，奉命去滕国吊丧，齐王任命盖县县令王骧为副使同行。一路上王骧与孟子朝夕相处，来回于齐、滕的旅途中，孟子没和他谈过公事。

公孙丑说："齐国卿的官位，也不算小了；齐、滕之间的路途，也不算近了；但来回一趟，却没和他谈过公事，这是为什么呢？"

孟子答道："他既然一个人独断专行了，我还说什么呢？"

国学启示

小朋友听说过破窗效应吗？一幢房屋的窗子，如果破损的地方一直得不到修缮，那就会有更多人参与到破坏窗子的行为中来。做人也是这样，任凭自身不好的东西存在，而不去矫正它，那么别人就会把不良善的言行加之于你，把你身上不好的东西加倍放大，直至不好的东西完全吞噬了你。这就是自作孽，不可活。

因而，无论是处事，还是修身，切忌独断专行，而应该"三人行，

必有我师焉。择其善者而从之，其不善者而改之"。这样即便遇到风险，自己也有能力躲避。

第二节　怨天尤人

原文

君子不怨天①，不尤人②。

——《孟子·公孙丑章句下·第十三节》

词语注释

①怨：埋怨。

②尤：指责，怪罪。不怨天，不尤人：这是孔子的话（《论语·宪问篇》），孔子不被人所知，但孔子不怨天，不尤人。

章句理解

君子不怨恨天，不怪罪人。

国学启示

赌桌上的人有一个共性，赢了是自己技术好，输了怪自己运气差。日常生活中，心理脆弱的人也有一个共性，好处都是自己应得的，害处都是别人造成的。这两类人有一个共性，那就是把自己的人生输得精光。

真正的强者，遇到问题会检讨自己，如果是自己的原因就改正，不是自己的原因就引以为戒，这样才能成长。

周公未雨绸缪（móu）

周公帮助自己的哥哥周武王灭掉了荒淫无道的商纣王，建立了周朝。周公是一个心地正直又有能力的人，所以周武王非常相信他，把他留在身边，让他辅佐自己。

后来，周武王劳累过度病死了。周武王的儿子（周平王）年龄非常小，还不能接班当国君。可是周朝必须有一个人处理朝政，因为当时的形势很危急，商纣王虽然死了，可是他的残余势力还很大，周围的部落也可能会不再服从周。怎么办呢？

周公就暂时接过了哥哥的王位，执掌朝政，等周武王的儿子长大些后，再把王位传给他。在周公的治理下，周得到安定。可是，周公的几个弟弟不高兴了，他们觉得自己也应该当王。于是，他们偷偷地联系了商纣王的儿子武庚，准备联合武庚的力量，夺取周的王位。而此时，年幼的周平王还没有即位，他也怀疑周公了。

面对这样严峻的形势，周公没有怨天尤人，他写了一首诗送给周平王，告诉他一个道理：周现在风雨飘摇，全国上下要同心同德，为将来恶化的形势做好应对的准备。周公在诗里面举了一个例子：

有一只鸟，它的幼鸟被猫头鹰给捉去了。猫头鹰还想破坏这只鸟的窝巢。这只鸟怎么办呢？它先去找来了一些桑树皮，把自己的窝巢修补得结结实实的。然后又去采集了柔软的野草铺垫在窝巢里。它已经累得不行了，可是它依旧没有休息。它又去收集过冬的粮食，虽然嘴巴也因此受伤了，可是毕竟能够安然过冬了。它觉得自己的窝巢还是不安全，自己的羽毛枯燥没有光泽，自己的窝巢在风雨中摇晃不停。

周公在这首诗里，借用一只鸟面对的形势来告诉周武王的儿子现在周是多么危急，需要未雨绸缪做好安排。

在周公的努力下，周平王最终选择相信周公。周公先取得了内部的团结一致，然后又定制礼仪，让老百姓文明，又发展农业，让老百姓吃饱。等积蓄了足够的力量后，周公把自己弟弟和武庚的叛乱给消灭了。

周公不怨天不尤人，而是积极准备，把产生危害的叛乱平息了。后人把周公的做法总结为一个成语，叫作未雨绸缪。

思考时间

1.理解"天作孽，犹可违；自作孽，不可活"这句话，并举一个例子。

2.面对内忧外患，周公没有怨天尤人，他是怎么做的呢？

第34章 不怕别人不知道，就怕自己不强大

第一节 好（hào）为人师

原文

孟子曰："人之患在好为人师①。"

——《孟子·离娄章句上·第二十三节》

词语注释

①患：焦循《孟子正义》："患，害也。"好（hào）：喜好（与恶（wù）相对）。

章句理解

孟子说："人的毛病在于喜欢当人家老师。"

国学启示

为什么说"好为人师"是毛病呢？因为"好为人师"的人有两个他自己也没有意识到的缺陷，一是注意力外移，只看到别人的不足，而忽视了自己的不足；二是不再虚心学习了。把精力放到别人身上，就无法磨炼自己；不学习知识而总以教导者自居，就会止步不前；只关注别人，忽视自己，这叫舍本逐末，自己就不能成长了。

本节另一层意思是，人之所以好为人师，处处刻意表现出高人一等，是因为生怕别人不知道自己的能力。孔子说："不患莫己知，求为可知也。"什么意思呢？就是不愁别人不知道自己，而是发愁自己凭什么本领值得别人知道。

第二节　盛名难副

原文

孟子曰："故声闻过情①，君子耻之②。"

——《孟子·离娄章句下·第十八节》

词语注释

①闻：声誉。

②耻：以……为耻。

孟子说："所以，声誉超过本身实际，君子以之为耻。"

贪慕权贵的人，会炫耀认识多少达官贵人；贪慕财富的人，会炫耀结识多少商贾富户；贪慕虚名的人，会炫耀别人对他的奉承。炫耀达官贵人的，他一定不是权贵；炫耀商贾富户的，他一定没有多少财产；炫耀奉承的，他一定没有声望。自己没有的能力，故作姿态，让别人以为他有，这样的人一定是空虚的。

泰山不是垒起来的，大海不是挖出来的，人的名声不是吹出来的。不积小流，无以成江河；不积跬步，无以至千里。一个人的名声，与他的真实的德行相符，才叫名副其实。只有没有羞耻感的人，才觍着脸接受别人对他的阿谀奉承，乐此不疲。

〰趣味故事〰

费诗卖直

• • •

三国时期，蜀汉有个人叫费诗。有人说费诗耿直，其实他是盛名之下，其实难副。怎么这样说呢？

刘备占据西川之后，北方的曹魏实力最强，东南的孙吴也日益稳固。这个时候，自封中山王的刘备，开始琢磨称帝了。

刚巧，西川有传言说汉献帝已经被害死了，于是很多人就开始劝刘备

第34章 不怕别人不知道，就怕自己不强大

143

当皇帝，这些人当中就包括诸葛亮。刘备也就郑重其事地祭奠了汉献帝，为称帝做准备了。

这时，前司马（官职）费诗站了出来，他表示反对。他对刘备说："您不是整天要号召天下匡扶汉室吗？您之所以来到西川，可不是为了当皇帝来的呀，您是因为曹操迫害汉室皇帝，您不得不流亡到此。怎么，现在曹操这个大奸贼还没死，您自己却先当上皇帝了，这算怎么回事儿呢？天下人会说您的呀。"

费诗还以老师自居，他教导刘备，为刘备指明了方向："您现在应该学习当年的高祖皇帝刘邦，您看，人家是灭掉了秦朝，才当了皇帝。所以，您现在应该率兵讨伐曹魏，消灭了曹魏再来当皇帝吧。"

费诗以为自己博学，教导刘备如何行事。可他自身却有三个矛盾尚不自知：

首先，费诗并不是忠于东汉朝廷。他不反对刘备称帝，而只是反对称帝的时间；其次，此时的情形是，三足鼎立的局面已经非常稳定了，刘备战胜不了曹操，他连战胜东吴孙权都没把握。在这种情况下，费诗身为刘备的官员，却让刘备先去灭了曹操，估计灭了曹操还得灭孙权。刘备怎么可能做得到呢？站在道德制高点上，要求一个人做他做不到的事情，这不是卖直邀名吗？最后，如果费诗真的忠心汉室，那他就不应该再当刘备这个皇帝的官员了。费诗却继续把官当了下去。

所以，刘备非但没有听他的，反而把他贬职了。

思考时间

1. 费诗为何被贬职了呢？

2. 费诗告诉刘备的话有可操作性吗？

第35章　自暴自弃

原文

　　孟子曰："自暴者①，不可与有言也；自弃者，不可与有为也②。言非礼义③，谓之自暴也；吾身不能居仁由义④，谓之自弃也。"

——《孟子·离娄章句上·第十节》

词语注释

　　①暴：朱熹《四书章句集注》注，"暴，犹害也。"此处译为残害。

　　②有言、有为：杨伯峻《孟子译注》注，有言、有为为固定词组，分别意为"有善言""有所作为"。

　　③非：朱熹《四书章句集注》注："非，犹毁也。"此处译为破坏。

　　④由：遵循。

章句理解

　　孟子说："自己残害自己的人，不能与他进行建设性的对话；自己放弃自己的人，不能与他进行建设性的共事。出口破坏礼义，就是自己残害自己；自身不能以仁存心、不能循义行事，就是自己放弃自己。"

国学启示

　　永远都无法叫醒一个装睡的人，因为他虽闭着眼睛，却一直醒着。人不怕知识浅陋，不怕见识短浅，只怕自己放弃了仁义的志向。知识浅陋，见识短浅，是可以通过努力改变的。可是自己放弃了仁义的志向，别人付

出再多的努力，也无法改变他。

有些所谓有学问的人，心存不善、毫无道德，不辨是非或明白是非却自甘堕落，为虎作伥。这样的人就是所谓的斯文败类，即便孔子再生也无法教化他。

趣味故事

故事一：夷射之死

齐国有个中大夫，叫夷射。这个人，怎么说他呢，性情比较浮躁。

一天晚上，齐王在王宫里举行宴会，夷射也收到了请柬，他收拾利落，很高兴地前去赴宴了。只是他没想到，这次赴宴竟然断送了他的性命。这是怎么回事呢？

原来，宴会结束后，夷射走到大殿门口时，斜靠着大门休息了一会。这时，旁边一个守门人借机向他讨酒喝。

这个门人请求夷射说："您可以赏我一些您吃剩下的酒吗？"夷射斜着眼睛瞪了一眼这个门人，见他还是受过刖（yuè）刑处罚的（刖刑，是古代一种刑罚，砍掉犯人的一只或两只脚）。夷射当场就大怒，抬手指着这个门人大骂："滚！你一个受过刑的残废，还敢跟我这个大夫讨酒喝，你活够了吗？"夷射骂完，扬长而去。

这个门人看夷射走远了，他阴沉着脸，做了一些不是分内的工作。他干了什么呢？这天晚上正巧下雨，这个门人就接了一些雨水，洒在了齐王大殿的门口。你可不要以为这个门人在降尘，完全不是，因为他把雨水洒得像小便后的痕迹。

第二天，齐王起来，一推门，呀？谁胆子这么大，敢跑到我的门口来撒尿！齐王怒火中烧，问门人："这是谁在这里撒尿了？"

门人回答说："哎呀，我可没注意呀。不过，昨晚夷射大夫在这里站了一会儿。"

齐王恼怒之下，二话没说，就吩咐人把夷射给杀了。

夷射的错误不在于得罪了小人，虽然这个门人的确是小人，而在于他自暴自弃。如果这个门人讨酒违反了律法，那就堂堂正正地建议齐王用法律处罚他；如果他违反了礼仪，那就不要搭理他就是，冷面走开也是一种态度。可是夷射却把自己等同于一个他所不喜欢的小人，对一个小人破口大骂，那么他自己又能有多高尚呢？白白给自己招祸。

故事二：各自为政

春秋时期，大约公元前607年，郑国攻打宋国。这两个国家从上一代就开始你来我往，互斗不止。与战国时期特别是战国中后期不同，春秋前期的宋国与郑国，都还是很强大的。宋国与卫国一伙，郑国、齐国和鲁国一伙，这两个团伙经常打仗。这一次，郑国却是得到了南方楚国的支持。

都是老仇人了，见面自然分外眼红，能动手就不动嘴，两国军队安营扎寨后，就开始准备战斗了。

宋国临时调任华元为主帅，华元是宋国的四朝元老，自然清楚宋郑两国以往的战绩，宋国败多胜少。所以，临开战前他命令伙夫杀羊犒劳将士。上到主帅将军，下到普通士兵，大家都吃得很高兴，纷纷表示感谢上级组织的关怀和爱护，一定奋力杀敌，以不辜负这顿羊肉大餐。眼看宋军士气高涨，破敌就在明日一战。

可是出了个岔子，有一个人没有吃上羊肉。你可能会想，军队那么多人，一个人吃不上也没啥吧。实际上还真有啥，就因为这个人没吃上羊肉，宋国就输了这场战争。因为，没吃到羊肉的这个人的职业特殊，是个司机。

原来，给华元驾驶马车的车夫叫羊斟（zhēn），分羊肉的时候，不知怎么把他给漏了，反正羊斟没有吃到羊肉。

于是羊斟不高兴，后果很严重。第二天，双方交战一开始，羊斟抓着缰绳，对着战车里的华元说："分发羊肉你说了算，驾驶马车我说了算。"说完，他驾驶着马车直接把华元送进了郑国军中。（成语"各自为政"的由来）

宋国军队一看，主帅都被人活捉了，一下子没了战斗意志，昨晚的羊肉算是白费了。郑国军队缴获了宋国战车四百六十辆，俘虏二百五十人，还割下了一百名宋军阵亡士兵的耳朵。

羊斟仅仅为了一碗羊肉，就断送了自己国家一场战争，也只能说他是个不辨是非，自暴自弃，自甘堕落的小人了。

思考时间

1.夷射在赴宴期间，做了什么事就把自己的性命丢掉了？

2.华元分发羊肉，羊斟没有吃到。羊斟做了什么事情，才说他是个小人呢？

第 36 章　五十步笑百步

原文

孟子对曰："王好战①，请以战喻②。填然鼓之③，兵刃既接④，弃甲曳兵而走⑤。或百步而后止，或五十步而后止。以五十步笑百步，则何如？"

王曰："不可，直不百步耳⑥，是亦走也。"

——《孟子·梁惠王章句上·第三节》

词语注释

①好（hào）：喜好（与恶（wù）相对）。

②请：副词，仅表示礼貌、客气的语气，没有实际意义（不能理解为请求）。

③填然鼓之：咚咚地敲鼓。填，拟声词，敲鼓的声音。然，……的样子。鼓，敲鼓。之，无实际意义，为了凑足音节。

④兵：兵器（不是士兵）。既：已经。

⑤走：古时文言文中，慢走叫"步"，快走叫"趋"，跑叫"走"。比如杨万里诗句"儿童急走追黄蝶"中的走，即为跑。

⑥直：朱熹《四书章句集注》注："直，犹但也。"此处译为"只是""不过"。

章句理解

孟子回答梁惠王说："王喜欢战争，那我就用战争来说明吧。咚咚战鼓一响，已然短兵相接，丢下战服拖着兵器扭头就逃跑。有的一口气跑了一百步停住了脚步，有的一口气跑了五十步停住了脚步。逃跑了五十步的士兵耻笑逃跑了一百步的士兵，可不可以呢？"

梁惠王说："不可以，他只不过没有逃跑到一百步罢了，可这也是在逃跑啊（和逃跑一百步性质是一样的）。"

国学启示

麻雀说燕子是怕冷的懦夫，燕子说黄鹂徒有一身美丽的装束，黄鹂说百灵鸟声音悦耳动机不纯，百灵鸟说鹦鹉最无原则，鹦鹉说喜鹊生就一副奴颜媚骨，喜鹊说苍鹰好高骛远，苍鹰说麻雀鼠目寸光。（1995年的高考作

第36章 五十步笑百步

文题《鸟的评说》

有一句歇后语，"乌鸦站在猪身上——只看见别人黑，看不到自己黑。"不注意时常反思自身，就容易犯这样的错误，尽管自己跟别人有同样的缺点或错误，却可以嘲笑别人而沾沾自喜。

~趣味故事~

曹丕与于禁

关羽攻打襄阳和樊城，这两座城池在曹魏的最南方前线。守将曹仁抵抗不住，请求救援。于是，大将于禁被派往援助。曹仁坐镇襄阳，命于禁和庞德守樊城。

当时正值秋季多雨，汉水暴涨。关羽引导河水，水淹樊城。庞德宁死不降，于禁向关羽投降了。

后来，关羽被杀，吕蒙攻破江陵，于禁又被转移到了东吴。再后来，刘备为关羽报仇，进攻东吴。东吴与曹魏结盟，就又把于禁送回到曹魏。

于禁回到曹魏时，已与之前判若两人，苍老得头发胡须全白了。他见到曹丕（魏明帝）时，放声痛哭。

于禁曾经被曹操赞誉为胜过古代良将，而且是唯一一个假节钺的外姓人（不姓曹或夏侯的人）。当年于禁投降关羽时，曹操曾经难以相信，喃喃地自言自语："于禁是跟随我三十余年的人了，怎么紧要关头反不如庞德了呢？"就是这样一个人，他投降了。再回到故国，他的心情可想而知。

曹丕没有治罪于他，反而任命于禁为安远将军，当面安慰他说："春秋时，秦国大将孟明视也曾被晋国俘虏，可他以后不照样回到秦国效力了吗？"

曹丕让于禁去拜谒曹操的陵墓，事前又让人在陵园的屋子里挂上了关羽攻破樊城、庞德宁死不降、于禁卑躬屈膝投降的纸画。于禁看到后，羞愧悔恨，急火攻心病死了。

于禁投降，不符合我国古代以来的价值取向。曹丕可以治罪于他，甚至可以处死他。可是呢，曹丕没有给他最后的尊严（毕竟于曹魏而言，于禁功大于过），而是活活羞辱死了他。司马光说，这也不是一个君王应该做的。

思考时间

1.讲一个你生活中碰到的"五十步笑百步"的事例。

2.曹丕认为于禁不应该投降，可司马光为什么又说他羞辱死于禁的做法不恰当呢？

第37章 交也以道，接也以礼

原文

孟子曰："其交也以道，其接也以礼①，斯孔子受之矣②。"

——《孟子·万章章句下·第四节》

词语注释

①其交也以道，其接也以礼：焦循《孟子正义》注，"其来求交已以道理，其接待已有礼。"交、接：《说文》，"接，交也。"故此处译为规矩，道理。

②斯：则，就之意。代词，表示承接上文，得出结论。之：前文所说

礼物。

章句理解

孟子说："他依照规矩同我相交，遵循礼仪与我相待，则孔子都会接受礼物。"

国学启示

我国古代是礼仪之邦，关于交往有很多道理。那么多的道理，实际上可以概括为两个字：规矩。就是说，是什么样的关系，就遵循什么样的交往规矩。遵循规矩交往，就不会失礼犯错误。交往没有规矩，或者交往使用错误的规矩，结果大多都是悲剧。

～～趣味故事～～

诸葛瑾——非道不行，非义不言

关羽死后，刘备不顾众人劝阻，一意要攻打东吴。东吴上下惊慌失措。

这时，东吴的南郡太守诸葛瑾给刘备写了一封信。信中说："关羽是您的兄弟，他死了您很伤心。可是汉献帝是您尊敬的皇帝呀，他还尊称您为皇叔呢。曹操害死汉献帝，您是不是更应该找他报仇呢？再说，你要夺取荆州，荆州大呢，还是曹魏的地盘大呢？所以说，我建议您去攻打曹操，而不是东吴。"

诸葛瑾写这封信，是为了忽悠刘备，保全东吴的利益。诸葛瑾保护东吴利益，这是在恪尽职守，这本没什么错，可是诸葛瑾给刘备写信的这件事被东吴的人知道了。他们开始怀疑诸葛瑾，说他暗中与敌人沟通。更要

命的是，诸葛瑾的弟弟诸葛亮还在刘备那里做官，官还不小呢。

后来，风声越来越紧，连大将陆逊都给孙权上书说："我也不相信诸葛瑾会背叛东吴，可是得消除诸葛瑾的顾虑呀。"

孙权却认为，诸葛瑾绝对不会背叛他。孙权给陆逊的回信中，讲了他和诸葛瑾以前的过往：

赤壁大战前夕，刘备派诸葛亮出使东吴。孙权见诸葛亮是个人才，就想把他留下来。于是，孙权去找诸葛亮的哥哥诸葛瑾。他对诸葛瑾说："你和诸葛亮是同胞兄弟，你现在已经在东吴做事了，何不把你弟弟也留在东吴呢？如果你能劝说你弟弟留下来，我会写信给刘备解释，我相信刘备也会同意的。"

诸葛瑾说："我弟弟既然已经为刘备效劳，并且双方有了君臣名分，那就不应该再有二心了。我弟弟不留在这里，就如同我不会投靠刘备一样。"

什么意思呢？孙权要求诸葛瑾去劝说诸葛亮改换门庭，诸葛瑾却说，我不希望我弟弟变节，那不是忠臣该干的事情。

诸葛瑾不论是对自己的君主，还是对自己的亲弟弟，交往都是遵循大义道理，难怪孙权说他"非道不行，非义不言"。

思考时间

1. 孙权让诸葛瑾劝说诸葛亮投靠东吴，诸葛瑾是怎么说的？

2. 孙权为何那么肯定诸葛瑾不会背叛他呢？

第37章 交也以道，接也以礼

参考文献

［1］（清）焦循撰；沈文倬点校.孟子正义［M］.北京：中华书局，1987.

［2］（宋）朱熹.四书章句集注［M］.北京：中华书局，2013.

［3］杨伯峻.孟子译注［M］.北京：中华书局，2017.

［4］（汉）赵岐注；（宋）孙奭疏.孟子注疏［M］.上海：上海古籍出版社，2017.

［5］（汉）班固.汉书［M］.北京：中华书局，1962.

［6］钱穆.论语新解［M］.北京：生活·读书·新知三联书店，2012.

［7］（汉）韩婴编；许维遹校.韩诗外传集释［M］.北京：中华书局，1980.

［8］（宋）司马光著；沈志华，张宏儒编.资治通鉴［M］.北京：中华书局，2019.

［9］杨伯峻.春秋左传注［M］.北京：中华书局，2016.

［10］（汉）司马迁.史记［M］.北京：中华书局，1982.

［11］许维遹著；梁运华整理.吕氏春秋集释［M］.中华书局出版，2009.

［12］（清）王先慎撰；锺哲点校.韩非子［M］.中华书局出版，2013.